D1341798

Anatoli Gavrilov

En de zon komt op

en 53 andere verhalen

Uit het Russisch vertaald door Arie van der Ent

uitgeverij Douane

De vertaler ontving voor deze vertaling een werkbeurs van de Stichting
Fonds voor de Letteren

Deze uitgave kwam mede tot stand dankzij een bijdrage van Gemeente
Rotterdam, dienst Kunst en Cultuur

Alle verhalen zijn afkomstig uit *Berlinskaja flejta*, uitgeverij Olimp, uitgeverij
AST, 2001
Oorspronkelijke tekst © 2001 Anatoli Gavrilov
Nederlandse vertaling © 2010 Arie van der Ent en uitgeverij Douane

Ontwerp omslag en binnenwerk: Astrid Koelemeijer
Foto omslag en auteur: Arie van der Ent
Druk: Opolgraf, Polen
ISBN 978-90-72247-27-8
NUR 304

www.uitgeverijdouane.nl

NIEUWE RUSSEN

NR.004

Inhoud

En de zon komt op

Een minuut eerder dan gister, en door haar stralen en de lentebeken worden de laatste resten van een zwart geworden wintergrime weggenomen.

Er zijn nog geen wormen. De klei is van binnen nog bevroren. Er hangen nog veel bladeren van afgelopen jaar aan bomen en struiken. Het heeft vannacht licht gevroren, er ligt een dun laagje ijs op de plassen en daarmee lijkt het op de vroege herfst, maar het is lente.

Een vliegtuig vliegt ergens heen. Soldaten lopen ergens heen. Een man in een smerige nepleren jas sjokt ergens heen, zijn gezwollen, kapotte gezicht lijkt wel een bordje aardappelsalade.

Het zwarte kruis op het rode deksel van de doodkist lijkt wel een antenne.

Een jongen met een stok in zijn handen zit achter een halfkale kat aan.

Een oude vrouw op viltlaarzen volgt met argusogen de voor het eerst na een lange winter vrijgelaten kippen die enthousiast in de asresten bij de schutting wroeten.

De oudste broer van een klasgenoot is vrijgelaten. Hij staat peinzend te roken bij het hekje. Hij was betrokken bij de beroving van zijn eigen tante.

Er zijn veel mooie vrouwen in de stad.

Er zijn bloemen te koop.

De winkel bij het spoor heeft iets binnengekregen. Er staat een rij, er klinkt rumoer. Een invalide haalt met zijn kruk uit naar een verkoopster. De militie wordt erbij geroepen. De invalide neemt de benen.

Aan de waterkant is het nat en smerig. In de verte licht het rode oog op van een dwergachtig verkeerslicht.

Een natte sjaal hangt neer van een wilg aan de waterkant. Er heerst stilte, er is geen mens, alleen de golfslag en het gekrijs van zeemeeuwen. Opeens komt er ijlings een wagon vanachter een berg gravel tevoorschijn, daarachter een tengere spoorwegarbeider op enorme skailaarzen.

Hij gooit balken onder de wielen van de voortvluchtige, stenen, botten, lorren, papier, hij struikelt, valt, en de wagon verdwijnt met veel geraas in de mist van de waterkant.

Het gras groent bij de schacht van de verwarmingsbuis, het voetbalveld van het Spartakstadion groent, het pootgoed in de vensterbank van het huis waar een klasgenootje woont, groent.

Sneeuw dwarrelt neer en smelt meteen weg en in de invallende schemering lijkt deze sneeuwval op het schrijven met een krijtje op een schoolbord.

Achter de ramen gaan de lichten aan. En de schaduwen vluchten, brekend en vallend.

Van de top van de heuvel heb je uitzicht op een gouden hoefijzer van lichtjes. Ze knipperen, verwijderen zich, komen dichterbij, doven, vervloeien met de lentelichten van de hemel, achter je rilt de naakte, zwarte steppe van kou, in de schuchtere adem van de zuidenwind hoor je iets bloeien, terwijl de tegen het nachtelijk uur opvriezende weg bezaaid lijkt met scherven van sterren.

De mimosa in een vaas op een ronde tafel flonkert in het donker, voorbij het raam wiegt een naakte tak, je hoort het gerucht van een opstekende wind, je luistert lange tijd naar deze nachtmuziek en wil om een of andere reden huilen, en je doet dat ook...

En ook vandaag komt de zon een minuut eerder op dan gister en zijn het haar stralen en de lentebeken die de laatste resten van een zwart geworden wintergrime wegnemen, vliegt een vliegtuig ergens heen, en lopen soldaten ergens heen, en oefenen tieners met het werpen van een bijl in de toegangsdeur van een trolleybusflat, en zit een jongen met een stok in zijn handen achter een halfkale kat aan, en verkoopt het oude klasgenootje op straat kiwi's en ananassen, en tranen haar ogen van mascara, wind en conjunctivitis, en valt de as van haar sigaret op de kiwi's en de ananassen, en blaast de wind de as weg en stap je een café binnen en ga je in een plastic stoel aan een plastic tafeltje zitten en neem je een whisky en zit er een mooie jonge vrouw aan het raam, en is rond het middaguur de eerste zin van 'en de zon komt op' klaar, terwijl je de tweede zin krijgt van de man die zojuist de oren van het hoofd van een dode vriend heeft gesneden, terwijl de derde afkomstig is van de jonge wijkagent in de donkere lanen achter de Rjabinka.

Nergens heen gaan

Hij zag er slaperig en ziekjes uit. Hij had een zwarte trui aan. Ik gaf hem de brief. Hij ging op de bank zitten te lezen. Met een bril op.

Ik ging met mijn rug naar het raam zitten. Buiten gierde een maartse vrieswind en brandde een felle zon.

Binnen was het stoffig en benauwd. Het tochtraampje was dicht. Tussen de ribben van de verwarming prijkten sokken met gaten en inlegzolen.

Hij zat te lang te lezen, te herlezen.

Ik had een fles bier bij me. Ik bood hem aan. Hij haalde twee glazen.

Hij zei dat ze van kristal waren. Op de bodem van mijn glas zat iets aangekoekt.

Op de tafel waar ik aan zat stond iets vies geels van plastic tussen de stapels boeken en oude kranten.

Hij zei dat het een inhalator was, dat hij eucalyptus inhaleerde.

Aan de muur was met een speld een aquarel opgeprikt met de afbeelding van een zomerse zee.

Hij zei dat het een origineel was. Hij begon een verhaal over de maker van de tekening, op een toon alsof ik een uitmuntend werk van een uitmuntend kunstenaar voor me had, in plaats van zielige namaak.

Ik herinnerde hem eraan dat ik antwoord verwachtte op mijn brief.

Hij begon hem weer te bestuderen.

Het begon me inmiddels te irriteren.

Ik moest nog bij Poetsjkov langs.

Ik zei hem dat.

'Ja, ik zeg het zo, zo meteen', zei hij, zonder op te kijken van mijn brief, die uit een paar eenvoudige, concrete punten bestond.

'Dus je bent het niet eens met het standpunt van de redactie?' vroeg hij eindelijk.

'Nee', zei ik.

'Jij vindt dat hun standpunt tot een patstelling leidt?'

'Dat vind ik, ja.'

'Waarom?'

'Maar dat heb ik toch uiteengezet!'

'Inderdaad, ja. Maar laten we het eens van een andere kant proberen te zien?'

'Laten we dat eens doen.'

'Laten we ons bijvoorbeeld eens een bos voorstellen. Een winters bos. Er is niemand. Stilte. Een winters zonnetje beschijnt het bos, de sneeuw, de sporen in de sneeuw, een dichtgevroren rivier, velden, heuvels, ravijnen. In de verte huppelt een Belarustractor met aanhanger over een weg, in die aanhanger zit hooi. Donker, van het jaar daarvoor. In een boom zit een specht. Het is een dorre boom. De specht klopt daarop. Hij lijkt op een Kreeftennektoffee, op een matroos in de mast, op een felgekleurde stropdas om de lange nek van een nozem van eind jaren vijftig. En nu sta jij onder die boom naar die specht te kijken...'

Ik begreep niets van zijn monoloog.

Ik begreep dat hij domweg met woorden aan het goochelen was.

Nu is hier niemand meer over naar wie je toe kunt.

Dat doe ik dan ook niet.

Muziek

Acht december. Er zijn acht dagen voorbij sinds het de eerste was.

De tijd gaat snel, het leven gaat snel voorbij.

Zeven uur en elf minuten, zo lang duurt de dag vandaag. En het leven?

Het leven. Wat is het leven?

Zeventien uur twintig. Buiten is het inmiddels donker. Het wordt 's winters vroeg donker.

Mijn vrouw ligt nog steeds op de bank. Ze lijkt wel ziek. Ik moet vragen wat er is.

Zeventien uur vijfentwintig. Ik ga het nu vragen.

Zeventien uur dertig. Loop naar mijn vrouw. Maar blijf bij een laars staan. Hij is van rubber, de rechter, nieuw. Hij lekt waar hak en schacht elkaar ontmoeten.

Een sikkelvormige scheur. Niemand zal hem vast thuis willen repareren. Maar ook zonde om weg te gooien. Laat nog maar even staan. Misschien doet zich een oplossing voor.

Mijn hand op de schacht, om die hand een trouwring. Twintig jaar geleden gekocht, eind februari, toen een zwarte, sneeuwloze stad beefde onder de slagen van de stormwind en de stemming opgewekt was, feestelijk, en we naar een juwelier gingen en zij, mijn bruidje, voor mij, haar armlastige bruidegom, een trouwring kocht, en de bruidegom, ik dus, opeens een beetje boos keek, door het feit dat ze voor zichzelf een ring kocht die net even duurder was. 'Je bent toch niet beledigd?' vroeg ze verbaasd. 'Nee', zei ik bedrukt...

Zeventien uur veertig.

'Wat is er?' vraag ik, naar de bank lopend.

'Niets', zegt ze zacht.

'Ben je ziek?'

'Zoiets...'

Ik liep dichter naar de bank, met de bedoeling een beetje te troosten, op te beuren, te aaien, maar ik hield iets meer rechts aan en belandde bij de vensterbank, waar tussen de bloempotten een aquarium staat, in het troebele water waarvan het laatste visje zijn laatste dagen slijt.

'Het water zou ververst moeten worden', zegt mijn vrouw.

Zij ververste het water altijd regelmatig, gaf de vissen te eten, en nu lag ze daar.

Links een stoffige schemerlamp, rechts een foto van Gipperwejzlers *Zonsondergang*, recht vooruit een oud vergeeld affiche met het opschrift: *Beste Tolja, met liefde*.

Dat affiche had ik van mijn vriend gekregen. Hij is componist. Woont in Moskou. Getrouwd. Jood. Menigeen vertrok, hij zit nog hier. Morgen heeft hij zijn eigen avond in de Rachmaninovzaal van het Tsjajkovskiconservatorium. Ik heb een uitnodiging. Hij zei dat hij mijn reis heen en terug zou betalen. Na het concert is er altijd een feestelijke dis bij hem, waar ik altijd als eregast aanzit.

'Wat vind je ervan dat ik morgen naar het concert ga?'

'Ga je gang', zegt ze.

Om muziek te luisteren probeer ik altijd een rustig hoekje uit te kiezen, alleen te zijn, om door niemand te worden gestoord.

Ik trek mijn schoenen uit, doe mijn ogen dicht, val in slaap.

Na het concert zeg ik dat ik er ondersteboven van ben, en dan omhels ik hem.

En hij gelooft het, en zijn ogen glinsteren verheugd...

Muziek, muziek...

Ik haat haar.

De weg

Kikotj is weg. We moeten hem zoeken. Een ernstige zaak.
Het is koud. Het wilgendons in de berm van de weg lijkt op
eerste sneeuw. Een hoofd zonder haar en iets erop heeft het
koud. De weg is kapot. De passagiers stappen uit de bus en
duwen hem de kuil met water uit. Een bleke hand glijdt over
het spoorweglaken en laat een wit spoor van winterstof achter. Kikotj is nergens. De molenstenen werken, maar er is
geen meel. Laat die avond wijkt het struikgewas uiteen. Een
man met een nepleren muts kijkt uit een raam. Een sering
staat in bloei. Het wilgendons in de berm van de weg lijkt op
eerste sneeuw. Dat hebben we al gehad, maar wat moet je, als
er verder niets is.

De hersens nog meer pijnigen. De weg leidt hierheen. Ze
stellen voor iets te eten en te drinken. Ze stellen voor op
de bank onderuit te zakken. Achter het raam en de hoge
schutting van de Amerikaanse ambassade wiegt een eeuwig
groene boom. Er klinkt muziek. Ze vraagt wat ik van de muziek vind. Mooie muziek. Nog nieuws bij jullie, vraagt ze. We
hebben de feestdagen gehad, er waren veel gasten. De gouverneur gedroeg zich democratisch tijdens de bidstond. Hij
luisterde scherp naar de opmerkingen van de bedevarende
oude vrouwtjes. De prijzen stijgen, maar niet zo hard. Je
kunt leven. De Vertegenwoordiger van de President woont
zelf in een aftandse flat die allang een grote beurt moet krijgen. Onderafdelingen van het leger werken het paleisje van
de generaal af. De procureur is moe om journalisten aldoor
uit het hoofd te praten hun neus in de zaak te steken. Ze zei
dat ze op het fotoatelier geweigerd hadden haar op de foto te
zetten vanwege haar lelijke gezicht. Zeiden ze dat zo? Ja, in
die bewoordingen.

Geen spoor van Kikotj. Niemand die hem ergens gezien heeft.

Een vrouw zei dat ze net een man gezien had. Hij kwam het bos uit met een blok hout op zijn schouder, stak de weg over en verdween in het bos.

Een zigeuner, een big en een haan kijken uit een raam op de weg uit.

Aan hen vragen, misschien? Misschien dat zij iets weten?

Het water is donker en koud. Nog te vroeg om te zwemmen. Schoolkinderen sjokken neerslachtig met rugzakken op ergens heen. Binnenkort is het 1 juni, wat er helemaal niets toe doet. Er groeit iets duns en bleeks uit de muil van een weggegooide nepleren laars.

Het lijkt op de fluitist die dikwijls op schoolavonden voor amateurkunstbeoefening optrad, en toen naar militaire verbindingen ging, maar ook dat heeft er niets mee te maken.

'Verslag uitbrengen van de situatie.'

'Voorlopig niets te melden helaas.'

'Waarom niet?'

'Weet ik niet. Ik doe mijn best. Denk er dag en nacht over na. De molenstenen werken, maar er is geen meel. Iets psychologisch. Iets van afketsen, waarschijnlijk. Ik zal mijn best doen. Het weer is koud. Zonder iets op je hoofd is het koud. En zonder haar. De sering bloeit. Het dons lijkt op sneeuw...'

'Goed, gaat u verder.'

Hoezo verder? Er is niets om verder te gaan. Het wordt tijd er een punt achter te zetten, maar het is verschrikkelijk. We moeten de zaak op een of andere manier tot het najaar zien te rekken, dan verandert er misschien iets van binnen.

'Verslag uitbrengen van de situatie.'

'De weg is slecht, kapot, er rijden geen bussen meer, er groeit iets bleeks dwars door de nepleren laars, het lijkt op de fluitist...'

'Men vraagt u naar de vermiste Kikotj.'

'Ah, Kikotj.... welnu, die is nergens. Is hij er misschien ook nooit geweest?'

'U bent op een veiling voor tien roebel verkocht aan landeigenaar Avtonomov uit Soezdalj. Daar is uw plaats. Draag uw zaken over en vertrek daarheen.'

Tja.

IJs

De zwarte ijsbreker breekt het zwarte ijs, de lichtblauwe schilfers schitteren in de felle maartzon.

IJs. Bergen ijs tot aan de horizon.

Trouwens, nog even en het vaarseizoen is afgelopen.

Mijn ouders zaten ook in het ijs: vader op een ijsbreker, moeder in het mortuarium.

Vader was zelden thuis. Op een keer vertrok hij en kwam niet terug.

Hij kwam om in het ijs.

En moeder kwam om in het ijs van het mortuarium.

Onze warme, ondiepe zee vriest soms ook dicht.

Op een zonnige dag in maart stond ik aan de kust van de zee in de buurt van de schutting van de scheepsreparatiewerf, waar met grote rode letters op geschreven stond: *Strand voor mensen met een huidziekte.*

Ik keek naar vaders gevecht met het ijs.

De zwarte ijsbreker stortte zich op de lichtblauwe ijsbergen, je hoorde gekraak, en scherven ijs glinsterden als een waaier edelstenen in de blauwe lucht.

Met zijn zwarte bril, in zijn sneeuwwitte tuniek, stond vader op de kapiteinsbrug.

Ik heb hem niet meer gezien.

Ik heb een accordeon. Na de wacht speel ik er soms op. Ik kan het niet, ik doe maar wat, op goed geluk, improvisaties.

Zo maakte ik onlangs een *IJssymfonie*, met het gekraak van ijs als hoofdthema.

Je kunt het onmogelijk herhalen, het is maar voor één keer.

Ik droeg hem op aan vader en moeder.

De glans van parelmoer en de klank – het zijn edelstenen in de lucht van de botsing van staal op ijs, het is de schutting van de scheepsreparatiewerf, het is het gelijkvloerse gebouw van het mortuarium tussen de oude acacia's, het zijn de ijskoude gezichten van mijn ouders tussen de ijsbloemen...

Ik ben ook de richting van het ijs opgegaan, en mijn zwarte ijsbreker in de vorm van een bijl, vast gelast aan een koevoet, breekt op het moment de eindeloze bergen ijs van mijn verwaarloosde stukje land, en de lichtblauwe schilfers van het zwarte ijs glinsteren in de maartse zon.

Filosofie

Het is vandaag drie februari. Het voorjaar staat voor de deur. Steeds vaker hoor je praten over uitpoten, mest, kiempotjes. Ik heb ook land, een stukje grond. Ik werk daar, breng daar van het voorjaar tot de winter mijn vrije tijd door. Soms kom je tijdens het proces van werk in je vrije tijd op interessante gedachten, tot observaties, waarmee de mens zich ook van de rest van de dieren- en plantenwereld onderscheidt.

Het is vandaag helemaal niet glad. Terwijl het gisteren spekglad was. Nee, eergisteren. Onder de poort raakte ik in de greep van een windvlaag en gleed over het ijs – ik kon me nog net vastgrijpen aan een spat cement van de muur van de industriebank. Mijn handschoen scheurde. Zonde. Bijna nieuw. Vrijwel ongedragen. Vorig jaar op de Dag van de 23-ste februari op de fabriek cadeau gekregen. Daarna hebben we op het fotolab een borrel gedronken. Het was een mooie likeur, smakelijk, maar daarna was het slecht, vooral in de buurt van het meubelconcern. Ik moest op stel en sprong de trolleybus uit. Daarna stapte ik weer in, maar viel in slaap en miste mijn halte. Ik was bijna in de buurt van het meubelconcern. De mens en de alcohol. Het heeft namelijk ook een filosofische kant. Hoe je ertegenaan kijkt, van welke kant.

's Winters heb je minder dagen met zon dan met neerslag. De mens is een ingewikkeld, tegenstrijdig wezen. Soms vindt hij dat er te veel zon is, dan weer te weinig. De ene keer wil hij zee, de andere bos en bergen. Nu eens zoet, dan weer zuur, nu eens zout, dan weer bitter. Nu eens wit, dan weer zwart. Nu eens ruw, dan weer glad.

Ik kwam met filosofie in aanraking in het leger. De voorwaarden waren ernaar dat die mogelijkheid bestond. Het liep zo. Ik dacht zelfs in die richting verder te gaan, begon me voor te bereiden op de Universiteit van Moskou, maar bedacht me. Ik ging een andere richting op, maar hield niet op met nadenken.

Als ik nu met pensioen ben, ga ik daar eens grondig werk van maken.

Er stapt een meisje in de trolleybus, en dat komt naast me zitten.

Ze heeft iets van dat meisje van toen, met verlof. In het leger. In november. In het leger glinsterde het besneeuwde bos in de zon, terwijl het thuis een natte boel was, modder, mist, gassen van de fabrieken. Niemand van mijn vrienden. De een zat ook in het leger, de ander in de gevangenis, een derde op de academie. Ik ging naar het meisje dat me uit had gezwaaid, naar het leger, maar ze was naar Jejsk vertrokken, met een politieman getrouwd. Ik klom over de schutting naar mijn oude fabriekshal, maar daar was het stukwerk geworden, de mensen hadden geen tijd voor me. Ik begaf me naar de hoofdstraat van de stad, naar de uitgaansstraat, maar daar was het vrijwel uitgestorven. Waar was het feest? Waar was het, waar ik zo heerlijk van gedroomd had in de droogkamer, tussen de laarzen en de voetlappen? Ik bibberde helemaal, was immers zonder jas van huis gegaan, zonder iets op mijn hoofd. In een wijnkelder voegde ik rode wijn toe aan de thuis gedronken eigen stook en begaf me naar huis. En in de bijna lege bus zit een meisje uit het raam te kijken. En toen wilde ik haar iets diepzinnigs zeggen, iets filosofisch, dat het wel degelijk bestaat, het bestaat, het schone bestaat in deze prachtige en grimmige wereld, de mensen willen er gek genoeg alleen niets van weten, zijn om een of andere reden bang, lopen met een boog om het schone heen, verliezen zich in kleinigheden, komen om in alledaagsheid en gaan dood, zonder aldus zichzelf te hebben leren kennen, noch de wereld, zo begon ik dus, maar toen kwamen de golven zuur en vloog alles wat ik gedronken en gegeten had eruit, en het meisje werd bang. Nee, ze werd niet bang, ze wendde zich met een vies gezicht af en stapte de eerstvolgende halte uit. Ik weet het niet meer. Doet er ook niet zo toe. Nu maak ik me er niet meer druk over. Voor mij zijn ze nu alleen nog object van filosofie. Vroeger trilde ik, maakte ik me druk, overdreven druk, verzengde en verkoolde ik, maar nu ben ik rustig. Ach, wat een kostbare gedachten, wat een kostbare tijd is er niet verbrand in de stookkisten van wat vrouw heet.

Daar is de markt. Tijd om uit te stappen.
Ik koop straks vet spek – en ga naar huis.
Er is op aarde geen geluk, wel rust en spek.
Het woord dan? Ja, het woord, maar na het spek.

We gingen niet kijken

Vandaag was de zoveelste persconferentie. Gehouden door N. In een korte inleidende toespraak riep hij ons op tot een objectief en weloverwogen oordelen. Een ingewikkelde situatie, zei hij, maar wel onder controle. Er was proviand. Men bereidde zich voor op hoog water. De kwestie van brandstoffen en smeermiddelen was in studie. Er werd een vrijwillige werkzaterdag ingevoerd om de stad moddervrij te maken. Onze artiesten, beeldend kunstenaars, zangers en dansers blijven zich verheugen in hun successen. De voetballers komen wat achter, maar ook daar kan iets aan worden gedaan. We krijgen delegaties uit andere landen over de vloer. Ze menen dat je met ons wel zaken kunt doen. Een van onze middelbare scholen heeft een *grant* van het internationale Sorosfonds gekregen. Krzysztof Zanussi was bij ons te gast. Dat is een beroemde Poolse regisseur. Heel Europa kent hem. Dat zegt allemaal iets. Alles is nu ook weer niet zo beroerd, als je er objectief en weloverwogen tegenover staat en je niet alleen maar oog voor negatieve zaken hebt.

Op de vraag waar het geld gebleven was, antwoordde hij dat hij daar de hele nacht wakker van had gelegen. Iedereen sliep al, terwijl ik nog wakker lag. Nadacht. Hoe komen we hier uit? Hoe trekken wie die reusachtige en tegenstrijdige lading vlot? Hoe overwinnen we de weerstand van tegenstanders en de twijfel van twijfelaars? Ik liep van de ene hoek naar de andere en dacht na, liep maar te denken en te denken. Af en toe kwam het me voor dat het afgelopen was. Dacht ik dat ik wel iets had van een trainer zonder voetballers, van een verkoper zonder koopwaar, van een prostituee zonder klandizie, van Gorbatsjov op Foros, van Chasboelatov in Lefortovo, van Krzysztof Zanussi, die door de wereldgemeenschap op-

eens tot de meest talentloze regisseur van het jaar was be-
stempeld.

De glazen bol draaide, flonkerde en deed pijn aan je ogen.
Na de zwaai van de geblokte vlag begonnen de motoren te
brullen en stortten de stevig ingepakte, genummerde en
gehelmde gladiatoren zich, op hun achterste benen staand,
glibberend en vallend van hun plaats naar de steengroeve,
werd de hele omgeving in uitlaatgassen gehuld en trok de
rook in de richting van de rivier, de rotsen en het eenzame
huis tussen de landerijen van de sovchoze van de voorstad,
waar mijn vader in eenzaamheid en verwaarlozing zijn laatste dagen sleet – en hoorde je niet langer de klanken van de
hobo uit de witkalken barak, waar mijn klasgenoot zich tussen dieven en dronkaards hardnekkig op zijn toetreding tot
het conservatorium bleef voorbereiden, en de nieuwe jas van
de lelijke dochter van de directeur van de kostschool onder
de modder gespat werd en zij ijlings in de richting van de
rotsen rende...

Ik had een nachtmerrie. En toen werd het ochtend. En nu sta
ik voor jullie. Ik heb alles gezegd, en wat dat geld betreft, ik
vind de vraag incorrect en ben niet van plan hem te beantwoorden. Wie stelde die eigenlijk? Kijk naar je eigen, stelletje
ploerten! Waarom zeggen jullie nu niks?

We zeiden niets.

Hij sprong van de kist en vluchtte naar achter de winkel.

We gingen niet kijken naar het stoffelijk overschot, toen achter de winkel het schot klonk, omdat het er niet was.

En toen kwam Amot, stortte zich op ons en sleepten we
dozen naar de toonbank, zetten we de weegschaal neer en
startten de handel.

Glas

Het is ochtend op het moment. Een zonnige ochtend. Je hoort de stemmen van mensen en vogels. Ik heb hoofdpijn.

Gisteren was ik ergens op visite.

Hij ging naar de wc, ik bleef alleen achter.

Een rechthoekige kamer, licht, schoon, een parketvloer.

Zijn flat heeft een alarm en intercom. Je kunt vanuit deze kamer iets tegen iemand in een andere kamer zeggen. Er is ook een verbinding met de wc. Hij zei me iets over de intercom vanuit de wc, ik zei hem iets terug.

Hij heeft heel veel boeken. Daar doet hij al lang aan.

Een wereld zonder boeken, zegt hij, dat is alleen maar een berg barbaren.

Als klein kind heeft hij een visioen gehad: een nachtelijke hemel, en daaraan – een fonkelend boek, helemaal van goud, en onder dat boek, in gouden letters: *lezen*.

Hij heeft mij ook met deze zaak in aanraking gebracht en blijft dat doen.

Toen hij naar de wc was, stond ik eerst bij de boekenplanken die de hele muur besloegen, van de vloer tot het plafond, en keek naar de boeken, en toen, toen ik de druk van zo'n hoeveelheid en diversiteit voelde, liep ik naar het raam, ging naar de andere flatgebouwen staan kijken en naar de rondweg met daarachter de grauwe, besneeuwde velden, maar ook daar, bij het raam, was het alsof de boeken in mijn rug bleven drukken, en ik belandde opnieuw bij de boekenkast, en mijn hand strekte zich uit om een boek weg te pakken, maar er was glas.

Ik kan op het moment niet precies zeggen welk boek ik precies van de plank had willen pakken, maar dat doet er waarschijnlijk ook niet zo veel toe.

De leraar maatschappijleer had ons geleerd onderscheid te maken tussen dingen die er wel en dingen die er niet toe deden.

Als je een been mist, zei hij, doet er dat niet toe als je een boek leest, maar als je, zonder dat been, mee wilt doen aan een wedstrijd achthonderd meter hardlopen op het sportveld, en je tegenstanders hebben wel twee benen, dan doet dat er wel toe.

Mijn hand stootte dus op glas dat in plastic gootjes heen en weer liep; en opeens loopt het glas uit de rails en gaat op de grond aan diggelen.

Op dat moment komt hij de kamer binnenzetten, met zo'n woede op zijn gezicht dat het me toescheen dat hij me elk moment een klap kon toedienen.

Maar nee, hij gaf me geen klap, alleen maar een duw tegen mijn borst, ik viel en sloeg met mijn hoofd tegen de verwarming.

Ik kwam bij op de bank. Hij zat op zijn knieën voor me. Ik was doornat. Waarschijnlijk had hij water over me heen gegooid.

'Goddank, goddank!' riep hij uit, en hij sprong op. 'Wat heb je mij aan het schrikken gemaakt, verdomd nog toe! Wat een slapjanus: je raakt hem met een vinger aan en hij ligt meteen! En, doet het pijn? Nee? Gelukkig maar. We vergeten het. Er is niets gebeurd. Het is zelfs prijzenswaardig dat je naar een boek reikte! Wat is de wereld zonder het boek? Een berg barbaren, wilden! En dat glas doet er niet toe, ik zet er wel nieuw in. We gaan zo aan tafel. We hebben vandaag de beste wijnen, van de Krim, de beste merken, uit Massandra. Alleen voor jou! Dat glas doet er niet toe! Ik zet er morgen ander in. De geest gaat boven het ding. En toch, wat brengt je... hier?!'

Het is vandaag een heldere morgen, afschuwelijk helder.

Op de komst van N.

Hij belde gisteren en zei dat hij vandaag zou komen.

Ik moet mijn flat aan kant maken. Hij houdt niet van rommel, van slordigheid. Bij hem thuis heerst een steriele properheid.

Ik begin zo.

Het nieuwe jaar is achter de rug. Er was geen visite, ik ben niet op visite geweest. Om middernacht dronk ik een glas bier en ging naar bed. Ik sliep met mijn kleren aan, onder een jack, zonder dromen. Ik heb niemand gelukgewenst. Ik heb al sinds het oude jaar last van een verkoudheid, en het eind is nog niet in zicht. Je moet hem dat maar niet vertellen – al wat ziek, zwak en misselijk is, roept bij hem een gevoel van walging op. Zelf is hij sterk, gezond, heeft hij nog nooit in het ziekenhuis gelegen.

De plastic kerstboom staat een beetje scheef. Die moet ik eens recht zetten. Een scheve kerstboom kan een scheve glimlach op zijn gezicht toveren.

'Eeuwig en altijd iets scheef bij jou', zegt hij dan.

Ook mijn proza vindt hij scheef, en krom.

Op een keer zei hij ronduit dat ik zogezegd op zoek was naar al wat krom en scheef was, om de westerse lezer te behagen, en daar dollars en marken voor op te strijken.

Maar genoeg daarover.

Hij is mijn vriend, we zijn al meer dan dertig jaar vrienden: we hebben samen op school gezeten, en daarna op het Literatuurinstituut.

Ik was te laat met mijn papieren, en hij vermurwde rector Pimenov mijn papieren te accepteren.

In de trein Moskou-Marioepolj drukte hij op het balkon een dief klem, die geld van mij had gepikt.

Hij gaat me dat morgen in herinnering roepen, en ik zal woorden van dankbaarheid moeten mompelen.

Ga verder, ga verder met schoonmaken. Dit hier, dat daar.

Denk terug aan iets moois, iets stralends, denk aan de sering en de zee, het bos en de sterren, de meisjes en de wijn, denk aan de muziek terug, aan de gezamenlijke plannen, dromen, verwachtingen; het is een mooie dag weer, na de natte boel is het opgevroren, een ijle maan hangt aan de schone hemel boven de gezellig verlichte entresol, en de straat is naar een idee van de architect bedacht en uitgevoerd in de vorm van een vioolsleutel, en het is een echte kerstnacht, waarin in het net is, of liever was, alsof er elk moment iets ongewoons kon gebeuren, iets wonderbaarlijks, iets sprookjesachtigs, en morgen zou het weer een sprookjesachtige nacht zijn, en mijn vriend en ik zullen gaan wandelen, en alles zal mooi zijn, en alleen het met een deken afgesloten raam van het flatgebouw waar ontaarde zuipschuiten zitten, zal het beeld enigszins verpesten...

We drinken wijn, luisteren naar muziek, halen herinneringen op, en alles is goed.

Morgen komt hij, en we zullen elkaar om de hals vallen. En na zijn stevige omhelzingen heb ik nog een tijd pijn in mijn ribben.

Eens brak hij één van mijn ribben bij een omhelzing. Maar daar gaan we het niet over hebben.

We zijn vrienden, en dat al meer dan dertig jaar...

En toch...

Hou op!

In Italië

In Italië had men hem voorgesteld voor een studentenpubliek op te treden.

Dat had hij gedaan. Hij zei: 'Bij ons is het mei, bij jullie ook. Vorig jaar heb ik vijf emmers aardappels gepoot, en drie gerooid. Ze waren verrot. Toen ik over de Alpen vloog, dacht ik daar aan. Ik moet de grond draineren. Er staat daar grondwater. Zodra je over de aarde schraapt, heb je water. Ik moet de zaak draineren en ophogen. Er wordt daar aarde gebracht. Je kunt iets met die lui afspreken. Verder moet je sleuven maken en funderingsblokken aanbrengen. Het zijn er zeven en twee halve. Ze zijn met gras begroeid. Ik heb een kraan nodig. Ik heb een kraanmachinist gevonden. Hij zei dat hij zou komen, maar hij kwam niet. Ik maakte een afspraak met een andere, maar die kwam ook niet. Ik vond een derde, hij kwam wel, maar zonder kabel. Hij ging een kabel halen, maar kwam niet meer terug...

Het is lente. Wat moet je daarover zeggen? Ze kan je de das omdoen. Zoals ze mij gedaan heeft. Als kind en tiener hield ik van haar en haatte ik haar. Ze keerde mijn ziel binnenstebuiten. Ze bedroog. Ze zinspeelde op de mogelijkheid van een hemel op aarde. Ik... ik weet het niet. Ik kan er niets meer mee. Alles is door een spade afgehakt. Ik stuit op die spade. Hij fonkelt, hij is door vader vlijmscherp geslepen, als een scheermes. In het voorjaar werden mijn ouders gek. De hele buurt werd overstemd door hun geschreeuw. Ze maakten ruzie en vochten. Ik herinner me hun van haat vertrokken gezichten, hun smerige knuisten in de omgespitte voorjaarstuin. Ze kropen in de aarde en trokken me mee. Ik had kleurpotloden en papier. Ik wilde de bloeiende sering tekenen, maar ik werd in de aarde gedrukt, in de mest. Ik kreeg te verstaan dat de aarde mij zou redden. Ze heeft me de das omgedaan. Ik sloeg op de vlucht. Ik vluchtte voor hen naar Jakoetië. Daar had je geen moestuin. Daar had je de taiga en graspollen. Opeens voelde ik de vrijheid. Ik kon wel huilen van geluk. Ik was gelukkig. Ik weet wat het is. Maar mijn geluk was niet van lange duur. Het duurde een paar dagen. Op de Dag van de mijnwerker kreeg ik een messteek en belandde weer thuis, waar ik opnieuw in de aarde werd gedrukt. Ik werd gesmoord met aarde en mest. Ik werd vermorzeld, aan flarden gereten...

Ja, maar nu ik inmiddels met één been boven de afgrond sta, ervaar ik het probleem niet meer zo nijpend. Ik heb er vrede mee. Ik vind er plezier in om in de aarde te wroeten. Ik heb inmiddels de oude zenuwachtigheid van de agenda afgevoerd, allang. Wat moet ik nu zeggen? Het is gek om te blijven hameren op iets wat allang bekoeld is...

Toen ik over de Alpen vloog, met een glas rode wijn, toen dacht ik aan die aardappelen.

Ik wilde niet naar jullie toe. Ik wilde thuis blijven om op tijd aardappelen te poten. Ik ben alleen maar formeel hier. Ik heb absoluut niets te zeggen over bloeiende seringen. Waarom net doen alsof, de kluit belazeren? Ik ben geen beeldend kunstenaar. Ik ben hier bij vergissing. Het is een misverstand...'

Hij fronste zijn voorhoofd, maakte een wegwerpgebaar en verliet het spreekgestoelte.

De lente is aangebroken

Inderdaad, aangebroken. Na gisteren lijkt mijn hoofd wel een leeg glas. Iets bruins, harigs, veelpotigs kruipt over de leegte van de muur en verdwijnt in het zwarte gat van het stopcontact.

Er ligt een speld op de vloer. De poes heeft zich levenloos uitgerekt op de klerenkast. Ze is drie dagen niet thuis geweest. Bij terugkomst zag ze er smerig, vermagerd, deerniswekkend uit.

De lente is aangebroken. In die tijd was ik smidsleerling voor de reparatie en vervaardiging van stempels in een fabriek voor gebruiksgoederen, bijna hartje stad, tegenover bioscoop Vaderland en delicatessenwinkel De Kaljmioes.

Arbeiders gingen vaak naar De Kaljmioes voor wijn en een hapje. Ik ook. Mijn voorman was Pjotr Semjonovitsj Sachno.

Je kwam na schafttijd uit de fabriekskantine terug en Pjotr Semjonovitsj stond al op de werkbank en probeerde iets te zingen, terwijl baas Tamara hem over trachtte te halen van de werkbank af te komen en thuis te gaan bijkomen, met mij als escorte. Hij woonde vlak bij het oude kerkhof en zijn moestuin ging over in graven en grafmonumenten. En hij had een dochter.

Het bruine, harige en veelpotige dat kortelings in het zwarte gat van het stopcontact verdwenen was, kwam weer tevoorschijn gekropen en keek me aan.

Ik wendde het hoofd af.

Het 'noorderlicht' van gisteren is vandaag gekreun, en met dit gekreun kan ook het leven worden besloten. Maar laten we terugkeren naar de dochter van Pjotr Semjonovitsj Sachno, naar het thema van lente en liefde. Hoe heette ze?

Wat doet dat er nu toe! Maak je niet druk, zeg. Nou ja, vooruit, laten we haar Ljoeba noemen.

Enfin, de lente was aangebroken. En daar begint ze wat eerder dan hier, maar sterft ze ook eerder, als ze overgaat in de bakoven van de metallurgische zomer. Ik breng de dronken Pjotr Semjonovitsj dus naar huis, draag hem over aan Ljoeba en loop weg, langs de kerkhofmoestuin, en ik wil teruggaan, en... ik ga niet terug... En dat is alles?

'En dat is alles', klinkt de holle echo van het lege glas. Waarom ben je er dan over begonnen? Het weer is vandaag... Wat doet dat er nu toe?

Gisteren had ik een tas bij me. Ik drukte op het knopje van de bel, het oogje van de deur werd donker, en iemand zei achter de deur: 'Mama, daar staat een vluchteling.' Nou en? Lijk je dan niet op een vluchteling? Jawel, ik hoef dat niet eens te verbloemen. Maar over de liefde moet iemand anders maar vertellen.

De kapitein

Het schip vaart naar huis. Het is groot, modern. Er zijn niet veel van zulke schepen op de wereld. Het is al lange tijd onderweg. De papieren zijn in orde, de lading is vastgesjord, alle werktuigen doen het goed, de onderlinge betrekkingen van de bemanning blijven binnen de perken.

Gisteren was er storm. We kwamen er met vlag en wimpel doorheen, er is slechts één man overboord gespoeld.

Nu is het windstil. De zon gaat onder. Gouden lichtvlekken op het diepblauwe water.

Er zijn geen vrouwen op het schip. Menigeen denkt daar aan. Zo ook de kapitein.

Hij is jong, ontwikkeld. Hij is cum laude van de hogere zeevaartschool gekomen. Hij heeft de weg afgelegd van lichtmatroos op de kustvloot tot kapitein op de grote vaart. Hij blijft niet stilstaan bij wat hij bereikt heeft. Hij blijft zijn kennis verdiepen. Hij leest veel. Hij spreekt een paar talen. In buitenlandse havens kan hij het zonder tolk af. In zijn vrije tijd schrijft hij 'Een zeeroman', waarin hij het thema liefde en zee uitwerkt.

Je hebt zeekapiteins, landkapiteins, onderwaterkapiteins, ruimtekapiteins en valse kapiteins...

Lang niet iedereen kan een echte kapitein worden.

Menigeen probeert het, maar niet iedereen slaagt.

De zon zakt achter de einder.

De kust komt dichter- en dichterbij, de vrouwen komen steeds dichterbij, maar je moet er niet aan denken.

Je moet je niet laten gaan.

Er klonk een dreun achter het schot. Er dreef iets donkers langs de patrijspoort.

Je hoorde de stem van zijn moeder. Hallucinaties.

De vorige kapitein had het schip in kritieke staat gebracht. Dronkenschap, drugsgebruik, toxicomanie, verduistering, handtastelijkheid, schelden, vleierij, klikken, seksuele aberraties, het tierde allemaal welig.

Door dat alles wist het schip soms niet eens waar het heen voer.

Dan kwam het in een haven waar het helemaal niet verwacht werd.

Of het voerde iets aan wat men helemaal niet nodig had.

Ze wilden ook meteen de nieuwe kapitein in de netten van de zonde vangen, maar dan hadden ze toch de verkeerde voor.

Hij had als kind al blijk gegeven van zijn principes. Zijn moeder werkte op de broodfabriek en nam vaak alle mogelijke luxebrood, rozijnen, noten, boter, cacao mee.

Natuurlijk had hij niet meteen door waar al dat lekkers vandaan kwam en hoe, maar toen hij dat wel doorkreeg, was hij ontzet en zei resoluut 'nee' tegen zijn moeder. Ze was verbaasd. Ze dacht dat haar zoon ziek was. Ze werd hysterisch...

'Zoonlief, zit je daar al lang?' klonk de stem van zijn moeder.

Het zijn hallucinaties. Het is donker voorbij de patrijspoort. Nacht. Een gouden ster flonkert aan de zwarte hemel. Het schip vaart huiswaarts.

Binnenkort is hij thuis. Marina komt steeds dichter- en dichterbij. Er zijn veel mooie jonge vrouwen, maar zij is de mooiste van allemaal. De kapitein heeft veel bewonderaarsters, maar alleen zij heeft zijn hart gestolen. Daar komen de contouren van de vertrouwde kust al in zicht. Thuis komt dichter- en dichterbij. Nu is het echt vlakbij. Marina komt steeds dichter- en dichterbij. Ze is nu echt vlakbij. Ze lacht, Waarom lach je, Marina? Waarom ontwijk je mijn omhelzingen? Waarom geloof je niet van de kapitein dat hij kapitein is? Hier is mijn tuniek, hier is mijn pet, hier is mijn ponjaard, hier zijn mijn papieren! Ze gelooft het niet, ze lacht, ze ontwijkt me! Je hebt me toch zelf gezegd dat je zou trouwen met een kapitein op de grote vaart! En dat ben ik nu! Ik ben kapitein! Hier heb je toch het document waarin staat dat ik kapitein ben?! Waarom doe je zo?!

Hallucinaties.

Je niet laten gaan. Het schip ligt op koers. De documentatie is in orde. De lading is vastgesjord. De werktuigen werken goed. De onderlinge betrekkingen zijn binnen de perken. Nog even en we zijn thuis. Morgenochtend zijn we thuis... het huis komt al dichter- en dichterbij, mama, Marina.

Een explosie. Er is iets ontploft in het binnenste van het schip.

Paniek, gekrijs, je haren recht overeind.

Mama holt de kamer binnen, waar Vitja in zijn teiltje baddert.

De stem

Gisteren was het de Dag van het Sovjetleger. Nee, die heet nu anders. Ik ben ook ooit in dienst geweest. Eerst als nummer drie van de bemanning op de dissel en de blokken, daarna als nummer twee op het bedieningspaneel, met twee knopjes en een wieltje.

Gisteren kreeg ik op mijn werk een fles brandy en een doos bonbons.

Kostja loopt in de ziektewet en ik was alleen tussen de vrouwen.

We dronken brandy en togen ieder huiswaarts.

Onderweg kocht ik bij een stalletje twee tubes tandpasta van de NV Vrijheid, Moskou.

Ooit werd er veel kracht en tijd verspild om zo dicht mogelijk bij Moskou te wonen, en nu ligt het vlakbij en doet het me niks.

Wat is hier aan de hand? Is Moskou in dezen ten kwade veranderd? Of ben jij dat? Of is alles en iedereen dat?

Ik zei al dat ik die pasta bij een stalletje gekocht had.

En dan zal ik nu iets vertellen over stalletjes, vooral die metalen dingen, wanneer daar in het schietgat slechts een hand, een haarlok, een heup voorbijflitst.

Zwijgend wordt het pakje sigaretten neergelegd, zwijgend loop je in gedachten verzonken weg...

Waar denk je dan aan?

De verkoper, denk je, is niet alleen de bemiddelaar tussen koopwaar en koper, maar ook nog zoiets als...

De gedachte komt maar moeizaam tot stand.

Misschien dat ik om die reden de omgang met intelligente mensen mijd.

Met Kostja bijvoorbeeld, die nu in de ziektewet loopt, en die ik steeds van plan ben op te zoeken, maar wat ik steeds op de lange baan schuif.

Hij is een intelligente man, hij weet veel, ik heb het moeilijk met hem, en ik geloof dat mijn gepruttel hem ook zwaar valt.

Zou ik ook *niet* willen pruttelen? Zeker, maar dan is het al te laat.

Te laat, Vadim, te laat, Pavel.

Maar terug naar die stalletjes. Ik was van plan daar iets over te zeggen, iets over dat schietgat waar alleen een haarlok, een arm, een heup in voorbijflitst...

Ik weet niet, ik kan het niet formuleren.

Eens werd ik, in de dageraad van mijn arbeidzame bestaan, als reddingswerker de slurf op gestuurd om de smid die een overtollige klep moest afstempelen, voor de verstikkingsdood te behoeden, en toen...

Wat?

Niets. Waarom herinneringen ophalen aan wat het leven smoort, verminkt, opvreet...

Op het moment klaarde de algehele legerjassenkleur van de hemel boven het gebouw van de militaire commandopost opeens op, in de vorm van een raampje van ijl turkoois, wat je kunt vergelijken met de toestand waarin je met een in een poetsmiddel gedoopt vaatdoekje in je dooie eentje in een huiselijke kamer de zuuraanslag van een geelkoperen knoop wrijft. En alsof er dan een stem uit hemelraampje opklinkt. Maar nee, het is de stem van de escortesoldaat die bestrafte soldaten naar buiten leidt om het terrein schoon te maken.

Voor de vergadering

19 januari.

Hartje winter. Het vriest dat het kraakt. Alles onder de rijp. De buurvrouw zegt dat het mooi is. Misschien.

Een bureau, een stoel, een muur.

Vandaag vergadering.

In de onderste bureaula ligt een pistool. Gekocht in Odessa, op de Privoza.

Heb gewoond in Odessa, in een bijgebouw, naast een hek en een plee, onder een perenboom, tien minuten lopen van zee. Zwemmen, zonnen, eten in de kantine van het wagenpark.

De vergadering is vandaag, om achttien uur. Daar, achter de VAB, op weg naar het spoor, daarachter bergen grond van de ABF, gemeenschappelijke tuinen, huisjes, afwateringsslootjes, weiland, bomen, de rivier. Sneeuw nu, stilte. Je zou eens moeten gaan kijken hoe het er nu bij ligt, maar dat doe je niet.

Als je lang langs het spoor loopt, kom je in een andere stad, waar niets is waarvoor je zo lang had hoeven lopen. Maar als je verder loopt, kom je eindelijk waar je vandaag komt en loop je een wankele ladder op naar een laadbordes voor een hoogoven en zie je te midden van stof, gas en kabaal hoe verveelde onderhoudsmonteurs met samengeperste lucht veiligheidsmedewerker Vorobjov opblazen.

Het bureau, de stoel, de muur. Het schemert. Nog een half uur tot de vergadering.

Dit bureau vijftien jaar geleden van een oom gekregen. Oom kan lezen noch schrijven. Hij is zó dronken. Hij doet zijn ogen dicht, zit hardop te fantaseren, te mompelen. Iedereen heeft inmiddels genoeg van hem: zijn vrouw, zijn dochter, zijn schoonzoon, zijn kleindochters, de buren, de familie. Hij wordt de deur uit geschopt en zwerft een tijd door het dorp en keert dan naar huis terug, maar de deur zit op slot en hij slaapt bij de kippen...

De bel gaat.

Twee man. Eén met donkere bril.

'Dag, we hoorden dat hier een oud vrouwtje woont.'

'Wat voor oud vrouwtje?'

'Zonder been. Met één been. We hoorden dat er naar gekeken moet worden. Daarom kwamen we maar eens even kijken...'

Pikdonker inmiddels.

Nog tien minuten tot de vergadering. Geen zin om te gaan. Geen zin in iemand.

Nergens zin in. Geen uitweg. Een impasse, het einde. In de onderste la van het bureau ligt een pistool. Gekocht in Odessa, op de Privoza. Het is zwart.

Het is van plastic.

Mest

Een koude ochtend. Leeg en koud in de stoptrein. Op het land helemaal koud. De zon ligt weerspiegeld in een plas koud water.

Koude grond. Koude wormen. De spa met herfstaarde eraan is koud, nat, verroest.

Er verschijnen helikopters in de lucht. Ze trainen koelbloedig, gevaarlijk dicht bij elkaar en bij de grond.

Het natte onkruid brandt niet. Een koude wind. Nergens een schuilplaats.

Maar je komt hier ook niet om te schuilen! Je komt hier om te werken. Je komt hier spitten. Maar wat heeft het voor zin om die arme grond om te spitten? Het is arme grond. Arm en bleek. Maar tot wie richt je dat eindeloze geklaag? Je weet toch wat je moet doen?

Dat weet je. Je moet mest hebben.

Ga dan zoeken, vragen.

In het bos is het niet zo koud. Bomen beschermen een mens tegen koude wind. Er dwalen mensen met emmers door het bos. Ze plukken iets. Ah, voorjaarspaddestoelen. Ze zoeken ze en vinden ze. Wie zoekt, zal vinden.

Jij zult ook vinden. Je moet alleen wat doortastender te werk gaan.

Daar is het dorp. Je ruikt de geur van mest. Hier is mest.

'Is hier mest?'

'Ja.'

'En, hoe of wat?'

'Moet je vragen.'

'Dat doe ik dus.'

'Aan iemand anders.'

Hij loopt weg. De straat is leeg. Niemand te zien op een erf.

Ook de winkel is leeg. Zelfs geen verkoper. In de etalage pe-
perkoeken en wodka. Van achter komt een verkoopster tevoorschijn.

'Dag. Ik moet mest hebben. Ik zoek mest. De grond is arm,
moet mest hebben. Hebt u mest?'

'Dat hebben we, ja, maar je moet ook transport hebben.'

'En u hebt geen transport?'

'Nee, transport hebben we niet. Vraag maar op de boerderij.'

Op de boerderij is wel mest, alleen niemand om iets aan te
vragen. Helemaal niemand. Waar is iedereen? Aan wie moet
ik iets vragen? Je loopt weg. Je blijft staan. Je moet terug. Je
moet die muur van zwijgen doorbreken. Of een fles wodka
kopen en wegrotten op het grijze, koude land.

's Avonds moet je op visite. Je geeft de jarige een boek. Hij
trakteert op surrogaat en een korst oud brood. Andere visite
is er niet en komt er niet. Hij leest iets voor uit nieuw werk
van hem. Iets over een paardenstal.

'Literatuur kan zich niet alleen met literatuur voeden, ze gaat
dood van te veel spel, ze moet een hap verse lucht hebben, ze
moet de geur van mest hebben', verduidelijkt de auteur.

'Trouwens, ik moet mest hebben. Weet jij niet waar je dat
kunt krijgen?'

Auteur beledigd.

's Nachts droom je van bergen harde mest en zeeën zachte.
Je springt van de berg in zee en zwemt.
Je zwemt en verdrinkt.

Nu weet ik wat ik moet zeggen

Iedereen begon te hollen, ik ook. We holden, gleden uit, vielen, lachten hard en holden weer. Toen raakten er een paar mensen achter en bleven staan. Ik ook. Er was niemand om me heen, in een luchtspiegeling heel ver weg flitste alleen het ruitjesoverhemd op van Nikolaj Pereverzev, artiest van het volkstheater van metaalbedrijf Azovstal. Hij naderde inmiddels de horizon en was met geen mogelijkheid meer in te halen. Eenmaal weer thuis maakte ik mijn verhitte gezicht nat met azijn en ging op de grond liggen. Net als eerder maakte een muis lawaai onder het bed, liet hij een oud geribbeld zuurtje over de grond rollen. In een uitgegeten en uitgedroogde granaatappel zat zout. De gesp van de riem van ex-monteur installateur 89-208 was een beetje geoxideerd en ik wreef hem op met een poetsmiddel. In een halfliter jampot zaten nog broodringetjes en die at ik op. De plastic kindertrein bevond zich in de rangeerpositie van voor de hardloopwedstrijd. Ik zette hem in beweging en voltooide de rangeerwerkzaamheden. Zelfs op de grond was het heet en de azijn had slechts tijdelijk effect. De uitbundigheid van de bloemen in het voortuintje leidde tot gedachten over de dood en naar herinneringen aan de recente begrafenis van een buurman die na de jarenlange bouw van zijn huis en het inwijdingsfeestje daarvan zich op zolder verhangen had. Uit Amerika was de kunstenaar Arnaoetov naar het vaderland teruggekeerd. Hij had daarginds jarenlang gewerkt, was in de leer geweest bij Sikeiros en wilde nu al zijn kracht en al zijn talent aan zijn geboortestad geven. Hij heeft de zijkant van het nieuwe postkantoor versierd met een afbeelding in mozaïek van telefoniemedewerkers die ergens diep over nadenken en stierf aan alcohol in het atelier van de kunstenaar

Naminas, geboren in Mangoesj, waar je veel stenen hebt, zand, rode wijn en warme hartige flappen. Momot bleef trainen op de ritmiek van lepels op een pan. Hij wil jazzmuzikant worden. Hij zei dat er drummomenten zijn dat het lijkt of ze hem in de hoofdstad, twaalfhonderd kilometer met het spoor, horen.

De tram reed tussen landerijen door. Links waren meer lichtjes dan rechts, daarna verdwenen ook die, bleven er maar een paar losse over, verdwaald en ver weg. Hoe verder de tram naar het noorden reed, hoe hoger en dichter het groen werd en het was koud en ik wikkelde me in de glasstof. De wagenbestuurster keek angstig naar de eenzame passagier. Ze had een koevoet binnen handbereik.

Ik deed mijn ogen dicht en zag een jacht van mahoniehout en een nachtelijke storm. Het jacht werd van het anker geslagen en tegen een roestige sleepboot gesmeten. De volgende morgen was ik gedegradeerd van de Vliegende Hollanders tot de haveloze sloebers en had het recht verloren ook maar in de buurt te komen van de elitaire jachthaven van de wasmachinefabriek.

De tram bleef midden tussen de donkere bossen staan. De wagenbestuurster kwam naar me toe en zei dat ze verkleumd was. Ik stelde haar voor zich in de glasstof te rollen en naast me te komen liggen. Ze vond het goed, op voorwaarde dat ik haar niet lastig zou vallen. Ik zei dat ik dat niet zou doen. Ze wikkelde zich in de glasstof en kwam naast me liggen. Ze kwam naast me liggen. Ze zei dat ze was geboren in de buurt van Solikamsk en daar was weggetrokken op zoek naar betere levensmiddelen en de kans met iemand te trouwen. Opeens schoot ze overeind en begon te schreeuwen dat ik haar van haar maagdelijkheid wilde beroven, dat ze in de dichtstbijzijnde stad aangifte tegen me zou doen. Toen kwam ze tot bedaren, stak een sigaret op een reed iets uit het repertoire van Masja Raspoetina neuriënd weer verder met de tram. De volgende morgen waren we in Vladimir. Hier was het helemaal koud. De tram keerde en snelde naar Marioepol en daar bleef ik.

Hier woon ik, werk ik, volg ik wat er gebeurt.

Ik werd uitgenodigd voor een radio-interview, kon op geen van de vragen antwoord geven en wekte daarmee onbegrip en hoongelach. Iets dergelijks herhaalde zich ook op tv.

Ik word niet meer uitgenodigd.

Maar vandaag ben ik beter beslagen dan gisteren.

Ik heb leren nadenken, analyseren, vergelijken.

En nu weet ik wat ik zeggen moet.

De mensen zijn moe, zeg ik.

Dagelijkse kost

De uien gaan wel, de aardappels zijn maar zozo, de kool staat nog.

Het voetbalveld is verlaten, er loopt alleen een kraai rond. Voronin werd ooit uitgeroepen tot meest elegante speler van het wereldkampioenschap voetbal in Engeland.

Toen, lang geleden, in de bossen, de kazernes.

Lucht, wolken, stilte, biezen, een eend, nog even en hij vliegt weg, hoewel het hier sinds een tijdje ook niet meer zo koud is, de geleerden hebben alsem ontdekt op de Noordpool, de opwarming van de aarde, het wordt tijd om een ark te bouwen, op de oever liggen twee houtblokken na te smeulen, een vlieg vloog voorbij, verborg zich.

Lucht, wolken, een vliegtuig.

Absint is een sterkedrank op basis van alsem.

Een kabelspoel in het midden van het waterbassin, zopas sprong een Lolita van een jaar of veertien daar onbeholpen van af, het water is al koud, over het paadje loopt een neger.

Lucht, wolken, stilte, biezen, onbeheerde biezen, bijna in het centrum van de stad, geld zoeken, dat geld voor de biezen interesseren, biezen is geld is biezen, marketing, management, productie-uitbreiding, expansiepolitiek, alleen uitkijken dat je jezelf niet nekt in de jacht op superwinsten.

De neger kijkt om en versnelt zijn pas.

Ja, eindelijk je eigen zaak openen, dan komen misschien de regels nog van pas die daar toen tien jaar geleden aan de muur hingen, in een lijst achter glas, en wel:

1. Denk eerst heel goed na over je werk.
2. Zoek bij je werk een comfortabele lichaamshouding.
3. Ga zo mogelijk zitten.

4. Als je staat, zet dan je voeten uit elkaar, zodat je economisch steun hebt.

5. Vlieg er niet te hard in, benader je werk in stilte.

6. Werk niet tot je doodmoe bent.

7. Werk gelijkmatig: werken in vlagen, verhit, verpest zowel je werk als je karakter.

8. Het is nuttig om als het niet gaat je werk te onderbreken, orde te scheppen, je werkplek op te ruimen, daar je hart aan op te halen – en dan weer aan het werk te gaan.

9. Probeer bij een succesvolle uitvoering van je werk dit niet te laten zien, daarover op te scheppen, hou liever stug vol.

10. Neem als het helemaal niet gaat de zaak luchtiger op, probeer je in te houden en weer aan je werk te beginnen.

De neger keek om, huiverde, zette het op een lopen, verdween uit zicht.

Sport? Drugs? Skinheads?

Hij werkte in vlagen, verhit, wat zowel zijn werk als zijn karakter verpestte.

Gras, een hommel in het gras, een paadje, het hek van een militair terrein, een gat, 's avonds komen hier naakte meiden naar naakte soldaten toe.

De afgevallen lijsterbessen knappen onder je voeten, er zijn er veel dit jaar, wat op een strenge winter wijst, maar we hebben geen mooie nazomer gehad, wat op een zachte winter wijst.

Voorstanders van de gouverneur signaleren een aanmerkelijke verbetering van de economische situatie van het district en een stijging van het levenspeil van de mensen.

Tegenstanders van de gouverneur signaleren een aanmerkelijke verslechtering van de economische situatie van het district en een verlaging van het levenspeil van de mensen.

Het theaterseizoen is geopend, de beeldhouwer is terug uit Duitsland, de vrouw van de dichter is bij hem weg.

Er worden bewakers gevraagd, bewakers en huismeesters, bewakers en huismeesters en stokers, en ook een visagist en stilist.

Op deze binnenplaats spelen de mannen domino en schaak en dat huis onderscheidt zich door properheid en de aanwezigheid van bloemen in de vensterbanken van de portieken.

De zon gaat onder.

Nog even en hij is onder.

Hij is onder.

Nou ja, als het helemaal niet meer gaat, zullen we de zaak luchtiger opnemen, ons proberen in te houden en dan maar weer aan de slag, is het niet zo, Zjora?

Hij draait zich om, zwijgt.

Winterlandschap

Tussen de witte sneeuw door stuiven auto's de zwarte weg uit.

Een dorp langs de autosnelweg. Naast de kerk en het kerkhof een restaurant. Een limousine rijdt voor. Er komt een vrolijk gezelschap uit de auto rollen en dat verdwijnt in het restaurant. Een zwerm kraaien maakt zich los van een boom en cirkelt rond aan de winterhemel.

De rivier is bevroren. Daarachter liggen witte velden en donkere bossen. Een erf. Een magere waakhond aan een ketting kijkt droefgeestig naar de buitendeur.

Het is somber en koud in de kamer. Het raam is beplakt met een stuk broeikasplastic. Viktor ijsbeert door de kamer. Hij draagt een bodywarmer, viltlaarzen, een muts.

Hij loopt te mompelen: 'Winter. Het is winter. Het is weer winter. Het was in de winter. Ene V. woonde in de hoofdstad en vertrok toen naar het platteland. En nu woont hij hier. Hij had ooit een heleboel vrienden maar daar is nu niemand meer van over. Niemand die naar hem toe komt. Niemand die schrijft. Hij had kippen, maar die gingen kapot. Hij had katten, maar die gingen ook allemaal kapot. Hij had een hond, maar die lijkt binnenkort ook kapot te gaan. Hij ging zelf net niet dood van de honger, maar iedereen om hem heen dacht gek genoeg dat hij een rijk man was. Ze boden hem hun theeservies, bontwaar, mest, tractor, cement, zand, kalk aan. Ze dachten dat hij expres in lompen liep, om de zaak te camoufleren. En op een keer besloten ze hem 's nachts te beroven. Ze kwamen binnen, smoorden hem, keerden zijn huis om, maar konden niets vinden...'

Viktor steekt een sigaret op en blijft staan voor een foto van Hemingway: 'Dag, ouwe', zegt hij. 'Het is fijn om langzaam te drinken en goed te proeven, en in je eentje te drinken. De ober raadde mij een Baskische likeur genaamd patxaran aan. Hij kwam met een fles likeur en schonk een glas vol. Hij zei dat patxaran van bloemen uit de Pyreneeën werd gemaakt. De rest ben ik vergeten, ouwe. Ooit kon ik mooi schrijven, maar nu schrijf ik niet. Ik woonde ooit in de hoofdstad, maar nu woon ik dus hier. Vorsja heet het hier. Ik ben hier een vreemde, iemand van buiten. Ze denken gek genoeg dat ik een rijk man ben, ze bieden me hun theeservies, bontwaar, mest, mengvoer, tractor te koop aan. Blik, teerpapier, kalk. Ze denken dat ik expres in lompen loop om de zaak te camoufleren. Ik ben hier een vreemde, iemand van buiten. Maar in de hoofdstad ben ik inmiddels ook een vreemde, iemand van buiten. Iedereen is weggegaan, uitgevlogen. Niemand heeft me nodig, niemand die schrijven zal, niemand die komen zal. Maar de winter gaat voorbij. En dan wordt het weer lente en wat ik daarmee doe, weet ik nog niet. Dan wordt het zomer, dan herfst en ik blijf maar leven. Maar waarom weet ik niet.'

Buiten jankt de hongerige hond.

Viktor loopt met een zak over straat en raapt alles op wat branden kan.

Uit het restaurant komt een vrolijk gezelschap naar buiten, het stapt in de limousine en verdwijnt.

Een zwerm kraaien maakt zich los van de boom en cirkelt rond aan de winterhemel.

Tussen de witte sneeuw door snellen auto's over de zwarte weg.

Het schemert.

Je komt eens iemand tegen

Hij droeg een luchtig jack, een spijkerbroek, een geruite cap. Aan zijn afgezakte linkerschouder hing een lege zwarte tas, de broodmagere rechter stak omhoog, leek op een wenkbrauw als je onverwacht een klap op je ogen krijgt.

'Gaat u hier nog wel eens heen?' vroeg hij, terwijl hij een *papirosa* met een zelfgemaakt koolstoffilter van watten aanbood.

'Vast niet', antwoordde ik.

'Nee... ik vind het ook... niet zo leuk allemaal, verre van dat zelfs, maar voorlopig kan ik niet zomaar wegblijven, denk ik.'

We liepen over een centraal gelegen straat.

De schemering van een sombere voorjaarsdag, de nattigheid, de viezigheid, de scheve voorgevels van verzakte huizen, de troosteloze doorgangen naar binnenplaatsen, de norse gezichten van voorbijgangers, de trieste setting van de voorbije vergadering waar we vandaan komen, het schiep allemaal de gewaarwording van een muffe, vochtige kelder waar het luik opeens van dicht geknald is en waar iets zwaars op is gezet.

'Weet u wat een paard is?' vroeg hij opeens.

Ik antwoordde iets, maar hij ging verder: 'Ik weet nog goed, herinner me haarscherp een zachtaardige vos. Terwijl u zich, naar uw antwoord te oordelen, iets anders herinnert. Natuurlijk heeft iedereen zijn eigen paard. U zegt dus dat uw paard u achtervolgde... dat u ervoor op de loop moest om het vege lijf te redden... Heb je zulke paarden dan?'

'Weet ik niet. Misschien dacht ik het maar. Het was immers als kind en dan denk je van alles.'

'Ik heb een zeldzaam gelukkige jeugd gehad. Ik groeide op in een sfeer van liefde en respect voor de onwrikbare wetten van de moraal. Het is niet de gewoonte om het daar in onze tijd over te hebben, alsof dat allemaal nooit bestaan heeft en niet bestaan kon, alleen viezigheid, enkel viezigheid en rottigheid, en de toon wordt nu gezet door mensen die... ik weet niet eens hoe ik ze noemen moet... duivels waarschijnlijk, grote en kleine. Gejank en tandengeknars. Gewoon een epidemie, een wedstrijdje fluimen spugen... maar laat ze maar...'

Hij zweeg, ging nog meer ineengedoken lopen, werd nog kleiner, het donkerde al, de ramen lichtten op en onder lantaarns warrelde iets van regen of sneeuw.

'Daarginds', zei hij en hij gebaarde in de richting van de katholieke kerk, 'woonden we ooit, daar ben ik geboren en getogen, daar liggen de beste jaren van mijn leven. Mijn vader was boswachter, mijn moeder verpleegster. Hij nam me vaak mee naar het bos. Soms ging we met het hele gezin naar het bos, in de boerenkar, ik herinner me zowel het paard als de kar, en de voerman, en hoe hij met liefde het hooi in de kar goed legde, inderdaad, vol liefde, zodat we allemaal lekker konden zitten, en mijn zusje en ik klommen op het hooi en de kar zette zich in beweging, en de emmer die onder de kar hing rinkelde, en we reden door de stad, en daarna ontrolde zich rechts de felgroene golf van een bosje met piepjonge eiken en kleurden links de ravijnen zilver als alsem en de korenbloemen langs de weg groetten ons met hun kopjes en in de verte rezen de bossen als groene heuvels op en rondom stroomde de rogge en een duistere wind joeg over de zachte golven van de roggezee en de houten balken van het bruggetje maakten lawaai onder de wielen boven het doorzichtige water, en het paardje klom tegen de glooiende helling op en de contouren van een geheimzinnige oranjeblauwe steen doemden op waar, zo leek mij, ook mijn lot op geschreven stond... Trouwens, waarom vertel ik u dit allemaal? Want als ik het goed begrijp, hebt u een broertje dood aan zulk soort lyriek. Neemt u me overigens niet kwalijk...'

Hij keek me bedroefd aan.

Ik wilde een borrel met hem drinken en stelde hem voor het dichtstbijzijnde restaurant binnen te lopen, maar hij bedankte.

'Ik trakteer', zei ik.

Hij grijnsde en schudde zijn hoofd.

Hij sloeg ook mijn uitnodiging af om bij mij langs te gaan.

'Later eens, andere keer', zei hij. 'Laten we liever nog een stukje wandelen als u dat goed vindt.'

En we liepen nog lange tijd door de vieze stad.

2

Hij droeg een beige windjack en een cap met een schutkleur. Hij stond dicht bij de rand van het trottoir, een langs suizende auto schepte hem bijna en hij deinsde achteruit en mompelde iets over nouveaux riches.

Omdat de weg was opgebroken, reden er geen bussen en gingen we lopen.

Voorbij de dijk liepen we omhoog naar het roggeland en vervolgens tussen de rogge door naar een dorp.

De winkel had lucifers, zeep, margarine en viltschoenen te koop.

De kerk en het Leninbeeld waren met klissen begroeid. Een vent met een grasmaaier met een karretje erachter vervoerde vers gemaaid gras. Op het groene water van de vijver lagen witte eenden verstild in een omlijsting van hoge bomen en dicht gras. Iemand probeerde de hele dag al op een trekdoos te spelen. Verderop begonnen de villa's en hij zei dat het allemaal het knusse nestje was van onze geweldige nieuwe dienaren van het volk.

Het heuvelachtige landschap was schilderachtig en ik zei dat het niet verkeerd was om hier in eenzaamheid en stilte te wonen.

'Je bent te laat', zei hij met een grijns. 'Dat landschap is al opgekocht. We zijn bedrogen, beroofd en op de meest cynische wijze bij het grofvuil gezet. Dat geldt trouwens niet voor jou, geloof ik.'

'Hoezo niet?' vroeg ik verbaasd.

'Nou ja! Jij bent immers pas nog naar Italië geweest! Ze hebben jou dus zogezegd ook een kluif van hun welvoorziene dis toegeworpen en nu ben je verplicht om die gift eerlijk en edelmoedig terug te verdienen.'

'En daarom loop ik hier met jou over deze weg.'

'Ik weet niet waarom jij met mij over deze weg loopt!' riep hij uit en zijn stem trilde, en ik dacht: nog even en hij begint te huilen.

We kwamen bij een veld dat met zijn abrupte helling wel aan het dek van een kapseizend schip deed denken.

We konden onze landjes niet meteen vinden.

De aarde was droog, met harde kluiten, de aardappels stonden er slecht bij, het krachteloze loof was dicht bezaaid met de beschilderde doosjes van coloradokevers, we drukten ze met onze vingers dood en vervolgens sloegen we met schoffels op de droge kluiten van de kurkdroge aarde, daarna zaten we een tijd onder het hek van een onafzienbaar dorpserf midden tussen het droge gras, waar kleine bosaardbeitjes rood tegen afstaken, en achter het hek lag een oude, droge boomgaard, en daar waren geiten, en een van hen stak haar kop in een spleet en hij gaf haar een stuk brood en zei dat ze heel mooie ogen had en opeens stak er midden in de windstilte een straffe bries op; dat maakte hem om een of andere reden ongerust en hij zei dat er nu iemand langs ons ging en dat het feit dat ik niks zag nog niets wilde zeggen, omdat alleen hij die schipbreuk heeft geleden dat kan zien en dat iemand met een volle maag en vol zelfingenomenheid dat nooit kan zien en begrijpen – dat is nu eenmaal, sorry, de logica in dezen, en zijn stem begon opnieuw te trillen en ik dacht weer: nog even en hij gaat huilen en ik probeerde hem af te leiden, te troosten, maar hij had zichzelf snel weer in de hand en antwoordde scherp dat hij geen troost nodig had en dat hij mijn pogingen daartoe ongerijmd en belachelijk vond. En hij plukte een bosaardbeitje uit het gras en reikte het me aan.

In het holst van de nacht belde hij me op en vroeg me niet boos op hem te zijn, en zijn stem haperde dikwijls en ging over in gefluister en gestamel, terwijl het buiten al licht werd en het dons van iets uitgebloeids langs mijn raam vloog en wel sneeuw leek.

3

Op een vroege ochtend kwam hij plotseling opdagen, in zijn windjack, met zijn cap op, met een mand voor paddestoelen. Hij weigerde pertinent om verder te komen en ons gesprek vond plaats in het halletje.

'Neem me niet kwalijk dat ik zo onaangekondigd en onuitge-nodigd op zo'n vroeg uur op visite kom, maar we zijn voor-lopig immers nog niet in de VS, dat wil zeggen, ik ben nog niet hun definitieve en onherroepelijke appendix', zei hij en hij reikte me een *papirosa* met een zelfgemaakt koolstoffilter van watten aan en stak er zelf ook één op.

'Wat is er gebeurd?' vroeg ik.

'Ach, niets bijzonders, sorry dat ik je lastigval. Je was immers gisteren bij me... en ik kon lange tijd de slaap niet vatten, ja, eigenlijk heb ik bijna niet geslapen... almaar liggen denken... Trouwens, onzin allemaal, waarschijnlijk, in ieder geval voor jou. Ik ga maar, denk ik. Ik was van plan om naar het bos te gaan, voor paddestoelen, ik vraag je niet mee... ik hou van alleen, als je wilt, gaan we wel samen, maar doen we daar ieder apart...'

'Dank je, maar ik ga niet, ik heb iets', antwoordde ik.

'Hij heeft iets', grijnsde hij, 'Ik snap het. Je moet je nu immers haasten, je kans grijpen zogezegd, het is jouw moment, het fortuin lacht je toe... Nou ja, haast je dan maar, kom in actie, anders ben je straks nog te laat – zijn anderen, nieuwelingen, jongeren je voor... Maar ik ga naar het bos. Ik heb pijn in mijn voeten, maar ik ga toch. Mijn voeten worden tegenwoordig zo snel moe, terwijl ik vroeger geen vermoeidheid kende, ik voetbalde vol overgave, was een fervent supporter, wist alles van mijn favoriete club, wachtte vol ongeduld als ze moesten spelen, alsof het om een afspraakje met een leuk meisje ging, maar tegenwoordig weet ik niets meer en wil ik, als ik eerlijk moet zijn, ook niks weten. Het is me allemaal vreemd geworden, zelfs het nationaal elftal lijkt wel het elftal van een ander land. En zo is alleen het bos overgebleven, het bos, de paddestoelen, de stilte, de eenzaamheid. En dus ga ik maar, let wel, zonder ontbijt, zonder mijn koffie van altijd, omdat een bedelaar niet hoort te ontbijten... Zelfs vrijwillig uit dit leven stappen gaat niet, door de duurte van de plechtigheid, ik heb niet het recht om mijn gezin op onvoorstelbare kosten te jagen... Misschien besluit ik wel zo'n dicht kreupelhout of moeras in te lopen, waar je niet meer uit komt en waar niemand je vindt... Het land is helemaal krankzinnig geworden en is net een moeder die haar kinderen niet erkent... Zo is het bos voorlopig de enige redding...

In de stilte daar vind je toch vergetelheid... maar dat zul jij wel nooit begrijpen.'

'Hoezo niet?'

'Sorry, maar jij bent immers nieuw hier, jij bent iemand van elders, jij komt van die metallurgische steppen, uit die slakkenbergen, er zit voor jou niets anders op dan te ironiseren, nou ja, ga je gang, als er dan niets heilig is, zoals gisteren bijvoorbeeld, toen je mijn kat hebt beledigd, door hem een kaal en mottig ding te noemen en je dat lieve, aardige beest op lompe wijze van je schoot duwde, en de kat is dodelijk beledigd, hij laat zijn eten staan, is met de noorderzon vertrokken, ik heb hem de hele nacht gezocht en ik wil je niet meer kennen!'

En met veel kabaal holde hij naar beneden en verdween.

Maar 's avonds laat belde hij, zei dat de kat nog steeds niet gevonden was en bevestigde nog eens dat hij me van nu af aan niet meer wilde kennen.

4

Als gevolg van bepaalde broedertwisten en misverstanden was zijn datsjalandje onnatuurlijk smal en langgerekt en had het een tamelijk steile helling terwijl het bovendeel heel mal werd doorsneden werd door de algemene weg.

Het kleine houten huisje was er nog door zijn vader neergezet en het had allang een opknapbeurt nodig, maar daarvoor ontbraken de fut en het geld.

Een scheefgezakte afrastering, verwilderde kersenbomen, kruisbessen, aalbessen.

Een broeikas, een compostkuil, een ijzeren ton.

Een schuurtje, een plee.

In het huisje een tafel, een bank en een schilderij.

Links ernaast, op het minuscule stukje van de volkstuinvereniging, kom 's avonds vaak de jeugd uit de buurt samen: herrie, heibel, zuipen, geouwehoer, nu eens moet je ze een glas geven, dan weer iets te eten.

Geen stilte en eenzaamheid hier.

'Verkoop het en koop iets anders', zei ik.

Hij grijnsde, schudde bedroefd zijn hoofd en zei dat dat om meerdere redenen onmogelijk was, de belangrijkste daarvan de nagedachtenis aan zijn vader, en zijn moeder leefde ook nog, en hoewel ze hier door ziekte en zwakte niet meer kwam, zou ze er veel verdriet van hebben als ze hoorde dat hun oude datsja verkocht was...

Opeens schoot hij opzij, klom op de gammele ton, vandaar af in een oude appelboom en werkte zich naar een tak waar nog grote, felgekleurde appels aan hingen, en je kon zien dat zijn krachten het begaven, nog even en hij zou uit de boom vallen, recht op een ijzeren staaf die onder de boom uit de grond opstak, en ik maakte me druk, probeerde hem op een of andere manier te helpen, maar hij schreeuwde me toe dat ik hem niet moest lastigvallen, klom nog hoger, manoeuvreerde in de boom boven de scherpe staaf, en op een gegeven moment kwam het mij voor dat hij het expres deed, maar waarom wist ik niet...

Hij reikte naar de appels om me te trakteren, vervolgens groef hij pootgoed voor me op, bond dat bijeen en sjouwde dat omhoog naar de halte van de trolleybus zonder dat ik hem mocht helpen.

Diezelfde dag zette ik dat pootgoed op mijn landje, aardde de zaak aan voor de winter tot het voorjaar en lag vervolgens in afwachting van de stoptrein lange tijd vóór een windscherm in het hooi te kijken naar hoe de wind de eerste herfstbladeren van de strook bos langs het spoor losrukte en hoe deze buitelend in de richting van de stad vlogen, in de richting van de Maria-Hemelvaartkathedraal op een kleine hoogte; in het grijze waas van de herfstavond, lag ik te kijken, en te luisteren naar het ruisen van het bos en het ritselen van de muizen in het stro zonder ook maar ergens aan te denken.

Je ziet hem

Een veteraan uit permanente lokale conflicten koopt zomerschoenen: onderkant zwart, gegoten, ribbels, bovenkant blauw, spijkerstof, neuzen licht omhoog.

Hij staat tussen de bloeiende tuinen van Grote, Kleine, Midden-, Boven- en Onderdoorgangen, hoort de trillers van de nachtegaal uit het ravijn en probeert zich iets over liefde te herinneren, maar zoals altijd gaan zijn gedachten naar het spoor, waar hij bijna zijn hele leven heeft doorgebracht.

Hij wordt omstuwd door opgeschoten jongens en doet net of hij doofstom is, wat misschien wel zijn redding is.

Hij komt thuis en drinkt peinzend dunne honing uit een driehonderdgramspot.

Hij hoopt zichzelf te hervinden, zichzelf met behulp van die honing herboren te voelen.

Het is zijn persoonlijke honing.

Hij houdt die voor anderen weg.

Er komt iemand aan en hij bergt de plakkerige pot koortsachtig op en doet net of hij Miller leest en Mahler luistert.

Het is zijn schoonmoeder. Ze kijkt de veteraan minachtend aan en zegt dat ze hem allang eens in zijn smoel wil spugen voor het verwoeste leven van het gezin om het erediploma van veteraan.

Ze doet het en loopt weg; hij blijft alleen achter en zijn magere gezicht staat neerslachtig weerspiegeld in de plastic fles magere olie.

Hij leest een brochure voor aankomende bouwvakkers.

Hij wil al een tijd iets bouwen van riet en modder, met een open haard, dat je daar bij zit, en naar het vuur kijkt, en wijn drinkt, en ergens over nadenkt, en geniet van de stilte en de eenzaamheid, en uit het raam kijkt naar de natte, verlaten bossen en velden...

Met zware rugzak en nachtkijker stapt buurman binnen.

Hij stelt de veteraan voor mee naar Tibet te gaan, in het voetspoor van Nikolaj Rerich.

Buurvrouw stapt binnen en neemt buurman mee.

De veteraan kijkt naar zijn nieuwe zomerschoenen en wil hun geur opsnuiven, maar hij ruikt niets.

Hij trekt de la van zijn schrijftafel open en pakt een stukje guipure en wil zich Tamara herinneren, en hij doet dat ook, maar hij wordt er niet blij van.

Een veteraan uit Moskou belt, met het voorstel bij hem in de provincie een regionale partij van veteranen uit permanente lokale conflicten op te richten met als doel de werkelijke wederopstanding van Rusland.

'Ik denk erover na', antwoordt de veteraan.

Hij denkt, maar niets concreets.

Alleen maar lawaai in zijn hoofd.

Het lawaai neemt toe, dan wordt het stilt.

Nee, Angela, je ziet hem nooit meer terug.

Memorabele data

Augustus. Voor het eerst gedronken, een glas met restjes van visite. Onder mijn kussen gekotst.

November. Eigen stook. Onder aan een schutting en thuis gekotst.

Oud en nieuw. Wijn en wodka. Onder de kerstboom gekotst.

Mei. Het park voor cultuur en recreatie. Portwijn. Vanaf het panoramatableau gekotst.

Juli. Strand. Vijfendertig graden hitte. Wodka. In het zand gekotst.

September. Gedronken en toen naar de film. In de bioscoop gekotst, in mijn pet.

November. Gedronken en toen naar de schouwburg. In het tweede bedrijf gekotst, parterre.

Oud en nieuw bij een klasgenootje. Wijn, likeur, wodka. Daar, onderweg naar huis en thuis gekotst.

Februari. Gedronken en toen ergens heen. In de tram gekotst.

Mei. Paviljoen Zwaluw op een klif met uitzicht op zee. Wijn en wodka. Van het klif af gekotst.

Juli. Een tripje naar een tante in een naburige stad. Onder aan een stortberg gekotst.

Oktober. Schooltoneel. *Verdriet door verstand*. Voor de voorstelling gedronken. In mijn rol van Tsjatski op toneel en achter de coulissen gekotst.

November. Met vader gedronken. In de afvalemmer gekotst.

Oud en nieuw. Feestje bij een klasgenoot. Wijn en wodka. Gekotst.

Maart. Feestje bij een klasgenootje. Champagne en eigen stook. Gekotst.

Mei. Met de hele klas op tocht. In het Stenen-Gravenpark gekotst.

Juni. Dag school! Dag nieuw leven! Bij het ochtendgloren gekotst.

De fabriek. Op de fabriek gekotst.

De hoofdkolchoz. Op het land gekotst.

Het leger. In de bossen van Zjitomir gekotst.

Toen weer thuis, toen in Jakoetië, toen in Moskou, en zeer onlangs in Helsinki, in Milaan en in Berlijn.

Maar waar zijn nu die rozen?

Ik ben geboren en getogen in het dorpje Slak, bij de Slakkenberg...
Op een keer vond ik een heel mooie slak, trok mezelf in de
schuur terug en dacht na: wat kon ik daar nu eens van maken? Na lang piekeren besloot ik een roos uit de steen te snijden...
Ik probeerde een roos, maar het werd een hoogoven...
Een volgende keer vond ik een nog mooiere steen.
Ik vond hem en dacht na: wat kan ik daar nu eens van maken? Na lang piekeren besloot ik een roos uit de steen te snijden...
Ik probeerde een roos, maar het werd een hoogoven...
Later vond ik een minstens even mooie steen, maar ondanks
al mijn inspanningen om een roos te snijden kreeg ik telkens
walsmachines, of koeltorens, of lorries, of slakkenwagens...

Walsmachines,

'Maar waar zijn nu die rozen?' vraag ik, terwijl ik uit de zoveelste steen iets metallurgisch snij, en ik moet huilen...

'B' en 'Oe'

'B' blijft narrig doen. De oorzaak moet hoognodig vastgesteld. De drekel misschien? Goed, genoeg voor vandaag.

Aan de wandel. Een voorjaarsavond, sterren, vrouwen... Prima, nog even en mijn ster rijst!

Liep mijn jeugdvriend Vladlen tegen het lijf. Hij blijft bij zijn oude stijl: hupje, knipoog erbij.

Hij maakte een hupje, gaf een knipoog en sleepte me een restaurant in.

Hij had belangstelling voor mijn leven, mijn werk, zweeg over zichzelf, maakte zich daar met een grapje van af, met een paar dooddoeners, was plotseling zonder iets te zeggen verdwenen zonder gedag te zeggen... De paljas!

Een brief in de zak van mijn regenjas: 'Kom hier morgenavond weer heen. Vlad.'

Paljas! Het is niet aan jou om aan te geven waar ik morgenavond moet zijn!

Hè, gelukkig! 'B' is narrig vanwege de drekel! Nu kun je opgelucht ademhalen! Een voorjaarsavond, sterren, vrouwen... Nu kun je ook bij Zina langs...

Naar Zina gelopen, maar in Spartak beland. Vladlen was er al. Hupje, knipoog, omarmd, stoel gekregen. Cognac, lekkere hapjes. Waar haalt hij het geld vandaan, Vladlen? Geen antwoord, een knipoog, een toost op onze jeugd, herinneringen aan bolognajassen, de twist, café Maansteen... Maar wat doe jij nu tegenwoordig, Vladlen? Hij knipoogde en antwoordde dat hij aan knipogen deed, bij een zekere instelling 'Oe' – nieuwe zaak, perspectiefrijk, goedbetaald...

Hij stelde voor dat ik voor deze zaak zou werken, de bouw eraan zou geven...

De paljas! Het is niet aan jou om aan te geven wat ik moet doen!

De drekel is in orde, maar 'B' doet nog steeds narrig. Wat is er aan de hand?
Aan de wandel. De warmte had plaatsgemaakt voor ijselijke kou. Natte sneeuw, blubber, lichtjes voor de feestdagen, een militieman die voor de tribune heen en weer loopt, de wacht houdt... Wat is er eigenlijk aan de hand? Waarom doet 'B' narrig? Gaat het soms om de koerbel? Wringt daar de schoen? Snel de verslagen inzien, als de wiedeweerga!
Hoera! Het ligt allemaal aan de koerbel! Niet aan dronken-schap! Prima, alles goed, alles komt op z'n pootjes terecht! Dat is nog eens wat anders dan knipogen, Vladlen! Prima, nog even en ook ons uur slaat! Nog even en ook onze ster rijst! Nog even en alle slagbomen gaan open.
Hallo, Zina! Maak je bruidstooi klaar! Maak je klaar voor de huwelijksreis! Klaar voor Frankrijk!

De drekel en de koerbel voldoen aan de norm, maar 'B' blijft narrig doen. Wat is er toch? Wat is de reden?
De nacht, de lichtjes voor de feestdagen, de wachtpost bij de tribune... Wat is er toch aan de hand? Waarom doet 'B' zo nar-rig? Ligt het soms aan de strikel? Wringt daar soms de schoen? Snel de verslagen inzien, en wel meteen, als de wiedeweerga!

Hoera! Het ligt allemaal aan de strikel! Hè, lucht dat op! Alles komt goed! Alles komt voor de bakker! Je moet voor de tri-bune heen en weer lopen, daar zijn verborgen krachtvelden die creatieve energie opwekken! Bedankt, tribune! Bedankt, wachtpost! Blijven jullie maar altijd zo staan! Blijf maar eeu-wig zo staan! Terwijl jullie daar staan, zal ik zoeken en vin-den! Zolang jullie daar staan, besta ik!

Pam-ram-pari-ram, pam-parira-pari-ram.

'B' rijst majestueus op tussen de alledaagse rotzooi. Enkele afwijkingen van de degelijke aanpak. De zaak moet geforceerd. De tijd dringt. Jezelf mobiliseren en de rest ook. Niks geen snipperdagen, ziekteverloven, vrije weekends en feestdagen. Of – of...

Zina belt, vraagt wat we met de feestdagen doen. Mijn hoofd staat nu niet naar feest, Zina. Onze feestdag is nog niet aangebroken, maar het duurt niet lang meer. De slagbomen gaan spoedig open. Maak je trouwjurk klaar. Maak je klaar voor Frankrijk, Zina.

Vladlen belde, stelde een uitstapje in de natuur voor. Ervoor bedankt. Zing maar, zing maar een eind weg, marcheer maar, kruip de groene weiden in – doe maar wat je wilt, maar hou mij er buiten.

De laatste beproevingen. De drekel, de koerbel en de strikel houden zich goed. Een paar afwijkingen van de algemene degelijke aanpak. Wie aan kleine dingen blijft hangen, komt nooit aan de hoofdzaak toe. Morgen wordt alles beslist. Het suizen van de sterren en de adem van de eeuwigheid. Was het maar snel ochtend!

Kap, huid, bloed, ogen. Een explosie. De beschermkap heeft het begeven. Eén dode, iemand anders een oog kwijt. In plaats van Frankrijk de gevangenis. Het meesmuilen van de lui die tegen het forceren waren.

Meesmuilen jullie maar, knipogen jullie maar.

Kap, huid, bloed, ogen.

Handtekening voor in het land blijven, gerechtelijk onderzoek. Bruiloft afgelast. Kreun maar niet, Zina. De beschermkap heeft het begeven.

Kap, huid, bloed, ogen.

Ik moet alles op mezelf nemen. Zeggen dat ik daar bewust op aan heb gestuurd. Als de zaak eenmaal rolt, dan maar tot het einde toe. De zaak hogerop brengen, zodat alles zo snel mogelijk achter de rug is, om zo snel mogelijk uit dit bordeel weg te komen.

Een kale vlakte, stoffig gras, bergen afval. Diep gevallen mensen wroeten in het vuil, verdienen wat bij, maken ruzie, vechten.

Drekel, koerbel, strikel.

Kap, huid, bloed, ogen.

Het kerkhof. Over dit paadje liepen we eens achter de juffrouw aan naar het theater. Toen was het net alsof het voorjaar eeuwig zou duren, dat we nooit dood zouden gaan, dat de juffrouw op een toverwolk woonde. Opeens kwam er iemand uit de bosjes zetten, rukte juffrouw de tas uit handen en verdween in het bosjes...

Daar heb je het graf van moeder. Alles overwoekerd, omgevallen, verroest.

De beschermkap had het begeven.

Een hete, stoffige wind. Vrouwen klemmen krampachtig hun jurk tegen zich aan, lijken wel kippen op een winderige dag. Een drom mensen op de kruising. Iemand van de sokken gereden, dood, vertrokken naar waar niets is – geen kap, geen huid...

De brug. De lonkende gloed en het lonkend gebonk van de wagonwielen onder de brug. Het opschrift op de brug: 'Het grootste van alle filosofische problemen is het probleem van de zelfmoord'. Daaronder: 'Een l... in je keel, zodat je hoofd niet wiebelt'.

Een eivormig gebouw met het uithangbord: 'Orgaan "Oe"'. Dus die instelling bestaat echt? Dus Vladlen hing niet de pias uit, had niet gelogen? Hij herinnerde zich hoe hij als kind dol op rauwe eieren was, er wel tien tegelijk kon leegslurpen...

Moest hij niet langsgaan? Hij deed het. Maar hij mocht niet verder – een militieman. Die vroeg naar wie hij toe wilde, belde, liet hem door...

'Fantastisch dat je langskomt', zei Vladlen. 'Ik ben inmiddels op de hoogte. Hoe krijg je dat nu toch voor elkaar? Je verkeken op een stuk ijzer, mensen omgebracht, jezelf? Maar goed, wees maar gerust, we zullen dat varkentje wel eens even wassen, we zijn toch jeugdvrienden, we hebben samen tussen de zonnebloemen gespeeld...'

Hij kwam bij op de bank, niet thuis echter, maar in de werkkamer van Vladlen. Het was dus niet allemaal een droom, geen boze droom...

'Gefeliciteerd!' zei Vladlen. 'Je hebt nu niets meer te maken met die deerniswekkende "B". Leer knipogen!'

De paljas! De vuilak!

Maar nee, geen vuilak, en geen paljas: ik ben daadwerkelijk van het gerechtelijk onderzoek af, ik ben vrij.

Ik ging bij 'Oe' werken. Leerde knipogen.

De leerschool gaat door. Theorie en praktijk, werkstukken.

De eerste gang naar mijn werkplek. Een hupje, een knipoog, gelach. Is dat dan zo slecht? Is dat niet humaan – een glimlach oproepen, een lach, een goede stemming?

Vladlen is tevreden over mij. Hij stelt vakantie in het vooruitzicht en twee tickets voor Joegoslavië. Geen Frankrijk, maar Joegoslavië. Wie had dat kunnen denken? Maak je maar klaar voor je huwelijk, Zina...

Het bruiloftsbanket in Spartak met Vladlen aan het hoofd.
Het grootse van alle filosofische problemen is het probleem
om op tijd te knipogen.
De champagne spoelt alles weg: kap, huid, bloed, ogen...

Zoals Vladlen ook beloofd had, ging de huwelijksreis naar
Joegoslavië. Onderweg van Belgrado naar Zagreb vluchtte
hij de bergen in en verder heeft niemand hem gezien. Zina
keerde alleen terug, er kwam narigheid, ze moest uit het la-
boratorium weg.
Ze werkt nu als thuisnaaister van een bedrijf voor huis-
houdtextiel: ze maakt kussenslopen, zakdoeken, herenon-
derbroeken.
Ze werkt zonder afval, levert tijdig haar productie af.
Eens in de maand gaat ze naar een avondje voor mensen boven de dertig.

Roza

Verlaten moerasbossen, een najaarsnacht, de linkervleugel van een kazerne, de kamer apart van de vrijwillig voor het leger werkende kookster Roza uit het dorp Glybotsj.
Naakte muren, een plafond, een doffe, maar half brandende plafondlamp.
De gordijnen stijf dicht, de deur op slot en grendel.

De laatste herfstbloemen in een mayonaisepot.
Het is koud in de kamer – er wordt nog niet gestookt.
Roza ligt in een dralon jurk en met nylon kousen aan onder een mantel op bed.
Ze is moe van de dag in de keuken, maar kan om de een of andere reden niet slapen.
Ze is om de een of andere reden bang, en daarom doet ze het licht niet uit.
Ze is hier pas, daarvoor werkte ze in haar dorp Glybotsj op een grote boerderij.
Haar enige vriendin vertrok eind augustus voorgoed naar de stad.
Roza voelde ook aandrang om te vertrekken, maar durfde niet goed. Misschien vanwege haar uiterlijk.
Maar onlangs had ze hier een baantje gekregen, bij het leger-onderdeel.
Straks had ze geluk...
Hoewel er natuurlijk weinig, heel weinig hoop was, vrijwel geen...
Roza ligt na te denken aan dat Glybotsj van haar. Het is vlak-bij, tien kilometer verderop.
Daar heerst nu het gure najaarsduister, alleen de raampjes lichten op. Vader, tegen de avond bijna altijd dronken, ligt

met zijn vuile laarzen en een trui aan op de slaapbank, moeder is nog in het huishouden bezig.

Terwijl hier haar divisie op avondmars is: je hoort commando's, liederen, gestamp:

'Met ferme pas!'

Nadat ze de aftocht hebben geblazen, zal er op de deur worden geklopt, maar Roza zal niet opendoen, omdat de hele divisie morgen weet dat ze 's nachts bezoek krijgt.

Dat mag niet.

Dan moet ze op het matje komen bij de adjunct politiek commissaris.

Dan wordt ze ontslagen wegens immoreel gedrag, waarvoor ze gewaarschuwd was toen ze werd aangenomen.

Maar ze gaan absoluut aanbellen en door het raam naar binnen gluren, net als gisteren en eergisteren...

En dat is logisch: de divisie ligt in uitgestorven moerasbossen, met een soort elektrisch net eromheen gespannen, ze krijgen vrijwel geen verlof en behalve een getrouwde vrouw bij de staf en zij zijn er geen vrouwen...

Kijk, daar wordt al geklopt... Roza huivert en trekt de mantel over haar hoofd...

Misschien toch vragen wie er aanklopt, opendoen?

Nee, nee, niet nu, niet vandaag...

Voor het raam klinkt nu ook een soort gerucht: er staat daar iemand in het donker met zijn blik de gordijnen te verschroeien...

Nee, ze moet het licht uitdoen, haar hoofd wegstoppen en in slaap proberen te komen...

Roza springt overeind, holt naar het lichtknopje, kleedt zich snel uit en duikt in het koude bed, onder de jas en de dekens.

Ze rilt van kou... Morgen gaan ze stoken, zeggen ze... vanmiddag heeft het gesneeuwd... ze moet van het weekend naar huis, moeder helpen...

Er wordt nadrukkelijk op de deur geklopt. Roza doet open. Op de drempel staat een knappe, onbekende officier in gala-uniform.

'Roza Koelbakina? Vijf minuten om te verzamelen!'

Roza kleedde zich vlug aan, liep naar buiten. Voor de kazerne stond een Wolga.

'Stapt u maar in', zei de officier.

De auto reed langs de controlepost en snelde door de donkere bossen.

Ze reden zwijgend voort.

Opeens was er een reusachtige gloed, vlogen er duiven en luchtballonnen langs een fel verlichte hemel, hingen er kleurige lampjes pardoes uit de lucht neer en weelderige bossen bloemen, rook het naar dure parfum, klonk er mooie muziek...

'Moskou!' zei de officier.

Ze stopten voor een marmeren gebouw, liepen de traptreden op en gingen naar binnen.

Aan de muren hingen portretten van staatslieden, waartussen Roza opeens het portret van haar vader herkende.

En moeder en ik maar denken dat hij alcoholist was, een verloren man! dacht Roza in het voorbijgaan, en toen stapten ze een groot vertrek met kristallen kroonluchters en zware deurgordijnen binnen.

'Roza Koelbakina is op uw orders afgeleverd!' meldde de officier die haar vergezelde, en pardoes kwam de Opperbevelhebber uit de muur en stapte bij hen binnen.

Roza deinsde geschrokken achteruit, naar de deur.

'Wees maar niet bang, Roza!' zei hij. 'Ik heb u hier uitgenodigd om u persoonlijk mijn dankbaarheid uit te drukken voor de door u betoonde heldenmoed en vastberadenheid! Ik weet dat er 's nachts aan uw deur wordt geklopt, maar dat u niet opendoet! U hebt niemand verleid en hebt u ook niet laten verleiden! Ik vind het fijn om u te zien! Als u bepaalde wensen of verzoeken hebt – geneert u zich niet! Hebt u iets nodig misschien? Zoudt u bijvoorbeeld niet in Moskou wil- len blijven? Desgewenst kunt u hier plastische chirurgie on- dergaan, dan wordt u een mooie jonge vrouw, dan trouwt u en leeft u gelukkig... Hebt u misschien Londatonshampoo nodig? Lippenstift? Mascara, oorbellen? Ik kan het regelen, en ik kan ook speciaal voor u een medaille laten maken "Voor vastberadenheid bij het kloppen op de deur bij een in verla- ten moerasbossen gelegen raketdivisie..." Wel, waarom zegt u niets, Roza Koelbakina?'

Waarom zeg ik niks? denkt Roza angstig.

Ze wordt verstikt door tranen, ze snikt en huilt – en op dat moment gaat de wekker, tijd om naar de keuken te gaan.

Gantenbein en de beer

Voor mijn jeugdvriend

Er was eens een man, Gantenbein Arnold Mefodjevitsj, en die hield een varken dat hij voerde met etensresten uit de kantine van het Huis van de Scheppende Toonkunst, waar hij als bewaker werkte. Hij voerde de beer en had zelf te eten. Niets te klagen toch?

Maar toen de vijver met ijs aaneen werd gesmeed en de bomen kraakten in het bos vulde Arnold Mefodjevitsj zijn brander met benzine, sleep zijn Duitse bajonet en liep naar de beer.

'Steek me niet dood, Gantenbein!' smeekte de beer. 'Hou me tot oud en nieuw, je zult er geen spijt van krijgen.'

Arnold Mefodjevitsj dacht diep na, herinnerde zich de Russische volkssprookjes en zag ervan af om de beer dood te steken. Ze leefden samen verder, maar de beer begon wel brutaal te worden: nu eens wilde hij uit de krant voorgelezen worden, dan weer een verhaaltje voor het slapengaan. Als je dat niet deed, begon hij te brullen, te krijsen, met zijn hoeven te stampen. Arnold Mefodjevitsj sloofde zich uit, kwam tegemoet aan de verlangens van de beer, maar deze werd alleen maar brutaler: 'Ik wil wel eens', zegt-ie, 'levende toonkunstenaars zien!' Arnold Mefodjevitsj viel op zijn knieën voor de componisten neer, dezen hadden met hem te doen, kwamen naar het varken toe en legden het hun composities voor – geweldig vond hij dat: hij werd helemaal week, plengde een traantje, uitte zijn verlangen om zijn eigen lied 'Neem de Gouden Ring naar Ivanovo' te zingen en deed dat ook, waarmee hij de componisten tot tranen toe wist te roeren. Het werd oud en nieuw. Arnold Mefodjevitsj vulde zijn brander met benzine, sleep zijn Duitse bajonet en liep op de beer toe.

'Steek me niet dood, Gantenbein!' smeekte de beer. 'Hou me tot Kerst, je zult er geen spijt van krijgen!'

Arnold Mefodjevitsj dacht diep na, herinnerde zich de Russische volkssprookjes en legde de bajonet weg. Ze leefden weer verder, alleen werd de beer nog brutaler: 'Ik wil kleuren-tv kijken! Ik wil Fritzsche lezen! Ik wil Rofia Sotara hebben!'

Arnold Mefodjevitsj probeerde eronderuit te komen, maar er was niets aan te doen – hij moest het doen. Al zijn spaargeld ging aan de grillen van de beer op en deze maakte zich ook nog eens vrolijk over hem: 'Zeg eens, Gantenbein, hoe heb jij je leven geleid?'

'Goed', antwoordt Arnold Mefodjevitsj.

De beer schaterde het uit, maakte hem uit voor sukkel en sloeber.

Of hij zei: 'Zeg eens, Gantenbein, wat moet je doen voor de totale overwinning van de eerste wet van de dialectiek – die van de overgang van kwantiteit in kwaliteit?'

'Huurbescherming invoeren, glasnost en democratie', antwoordde Arnold Mefodjevitsj.

'Stommeling!' schaterde de beer het uit. 'Je moet de zonen van Rjoerik uitnodigen.'

Het werd Kerst. Arnold Mefodjevitsj vulde zijn brander met benzine, sleep zijn Duitse bajonet en liep naar de beer. Hij stapte de schuur binnen en zag een levenloze modderklomp liggen, met daarnaast het briefje: 'Neem me niet kwalijk, Gantenbein, maar ik had genoeg van al dat slome gedoe en besloot rattenkruit te nemen, omdat het meest serieuze van alle filosofische problemen dat van zelfmoord is, en het mij gelukt is dat op te lossen. Mijn vlees is giftig en hoewel jullie eraan gewend zijn om elkaar te verdelgen vraag ik je toch met klem – kom zelf niet in de verleiding en breng anderen daar ook niet in. *Good bye*, mijn vriend.'

Arnold Mefodjevitsj huilde een beetje, had wat verdriet, maar er was niets aan te doen: hij moest zijn verlies toch op een of andere manier aanzuiveren. Hij bewerkte de beer met de brander, sneed het kadaver aan stukken, deed er een knoflooksausje overheen en ging ermee naar de markt.

Hier eindigt het sprookje.

De oude vrouw en de domme jongen

Een ochtend in mei, een binnenplaats. Op een bank zit een oude schooljuffrouw. Uit de portiek komt Mitja naar buiten, van het beruchte huisnummer 10. Op zijn colbertje rinkelen de lintjes en de medailles, hij knijpt zijn ogen dicht tegen de felle zon, kijkt dromerig naar de kruin van een weelderige esdoorn en glimlacht raadselachtig.

'Hoe laat leven we?' vraagt hij.

'Punt één, Mitja, moet je iemand eerst gedag zeggen', zegt de oude vrouw. 'Punt twee, moet je als volgt naar de tijd vragen: "Hoe laat is het?" Snap je?'

'Snap ik', zegt Mitja en hij haalt met een ruk zijn schouders op om zijn medailles te laten rinkelen.

'Kom maar eens naast me zitten, dan gaan we verder met onze lessen. Waar waren we gisteren gebleven, bij welke vraag?'

Mitja kijkt de oude vrouw strak aan, prevelt iets en zegt: 'Bij de koeien!'

'Juist, Mitja, goed hoor!' zegt de oude vrouw opgetogen. 'Jij bent helemaal geen domme jongen, alleen pedagogisch ver-waarloosd, maar dat is helemaal niet jouw schuld, maar die van je ouders... Trouwens, wat was dat voor herrie bij jullie gisteren, wie schreeuwde daar zo hard en wie kreunde daar zo afschuwelijk?'

'Gisteren?'

'Ja, gisteren, na het Journaal.'

'Dat... nee, dat mag ik niet zeggen,' antwoordt Mitja met neergeslagen ogen, 'dat mag niet, anders... draaien ze mijn nek om... verdrinken ze me in het riool... proppen ze me in de stortkoker...'

'Hm, nou ja, gaan we verder met onze les! Vandaag zullen we het eens hebben over de industrialisatie van ons land, Mitja!

Een heel serieus onderwerp, goed opletten! Enfin, aan het einde van het eerste vijfjarenplan...'

'Is het warenhuis eigenlijk al open?' vraagt Mitja ongerust.

'Jij altijd met je warenhuis!' zegt de oude vrouw gebelgd. 'Wat heb je daar te zoeken, wat moet je daar?'

Mitja slaat de ogen weer neer en zwijgt.

'Waarom zeg je niets? Mag ik je daar dan ook niet naar vragen? Zeg het maar, niet bang zijn! Ik zal het aan niemand verklappen!'

'Ik heb daar een bruidje...'

'Ach, Mitja, Mitja toch! Wat voor bruidje heb je daar nu! Die opgeverfde domme ganzen lachen je uit, steken de draak met je en jij gelooft ze!'

'Nee... een bruid,' mompelt Mitja, 'mijn bruid... we trouwen binnenkort... nog even en we zijn altijd bij elkaar... we zullen altijd samen voor het raam naar de bomen staan kijken...'

En hij loopt snel naar het warenhuis.

De kip

Het was een sombere dag, traag kropen zware wolken voorbij, waar blauwige sneeuw uit dwarrelde die meteen smolt.

Met stukken blik, asfaltpapier en ijzerdraad dichtte Nikolaj Ivanovitsj een gat in de schutting.

De kippen liepen los over het erf, wroetten in de as achter de poepdoos en alleen de kip met het blauwe vlekje stond onbeweeglijk in de moestuin, met een poot omhoog en een oog toegeknepen.

Nikolaj Ivanovitsj werkte langzaam en nam dikwijls een rookpauze.

Het zieke buurjongetje keek uit het raam en stak zijn tong uit.

De lijnbus denderde voorbij.

Op het braakliggende terrein aan de andere kant van de weg zaten zwerfhonden elkaar in de haren.

De straatjongens van het dorp liepen met een overstuurde cassettespeler voorbij en een van hen vroeg: 'Is Verka ook thuis?'

'Nee, die is naar de stad', zei Nikolaj Ivanovitsj.

Met haar kousen op haar hielen plensde zijn vrouw afval van het stoepje, alle kippen vlogen op de drab af en alleen de kip met het blauwe vlekje bleef staan.

Een windvlaag maakte haar smerige veren en dons in de war.

Nikolaj Ivanovitsj ging naar de poepdoos en zag op de terugweg een onbekende man met een smerige regenjas en een kaal geworden schapenhoed bij het hek staan.

'Wat moet je?' vroeg Nikolaj Ivanovitsj.

De onbekende zweeg, wierp een troebele blik op de moestuin.

'Wat moet je?' vroeg Nikolaj Ivanovitsj en hij raapte zijn hamer van de grond op.

'Poele-poele' zei de onbekende geschrokken, op zijn lippen knapte een bel speeksel, hij wankelde achteruit en strompelde over straat.

Een windvlaag gaf hem een zet in de rug en wierp met een ruk de zoom van zijn regenjas met geruite voering op.

De jongen in het raam begon zenuwachtig gekke bekken te trekken en tegen de ruit te tikken.

'Hij slaat je op je smoel!' riep Nikolaj Ivanovitsj tegen de jongen. 'En wat doe jij hier eigenlijk!' schreeuwde hij tegen de kip en hij zwaaide met zijn hamer. 'Wat sta je daar nou? Ga naar je soortgenoten... Ga daar staan zeiken... Poele-poele!'

De kip schoot een stuk opzij en bleef weer stokstijf staan.

Toen Nikolaj Ivanovitsj klaar was met zijn karwei bracht hij het blik, asfaltpapier en ijzerdraad dat over was naar de schuur en liep naar het huis.

Daar stond de kachel hoog en zat zijn vrouw aan tafel zonnebloempitten te peuzelen; zijn dochter neuriede 'Een miljoen rode rozen' voor de staande spiegel in de kamer en maakte haar ogen op.

'Waar moet jij op uit?' vroeg Nikolaj Ivanovitsj.

'Geen gezeur', zei zijn dochter.

'Als je zeurt, is het te laat!' riep Nikolaj Ivanovitsj.

'Laat haar', zei zijn vrouw. 'Heb je dat gat dicht?'

'Ja.'

'Ga dan zitten eten.'

Ze zette een bord hete bietensoep voor hem neer, met een puntig bot, hij begon zwijgend te eten, dronk een kroes koud water en ging op de bank liggen.

Zijn dochter trok, nog steeds neuriënd, nieuwe laklaarsjes aan, deed haar jas aan, zette haar muts op en liep naar de deur.

'Heb je iets warms aan?' riep zijn vrouw.

'Ja, ja', snauwde haar dochter.

'Waar dan?!' riep de vrouw en ze rende op haar dochter af en deed met een ruk haar jas omhoog.

Nikolaj Ivanovitsj draaide zich om naar de muur en deed zijn ogen dicht.

Hij zag zijn dochter op haar laklaarsjes over het smerige asfalt naar de dorpswinkel lopen, drinken met het straattuig, hees lachen, roken...

Om dat niet te zien deed hij zijn ogen open en ging liggen denken dat hij aan een zak zaagsel moest zien te komen om de waterleiding mee in te stoppen, er werd vorst voorspeld...

Hij viel in slaap. Hij droomde van een station. Ze waren aan het rangeren. Opeens raakte een van de wagons los en ging naar beneden. Hij moest rennen en een schoen op de rails zetten, maar om de een of andere reden kon Nikolaj Ivanovitsj niet van zijn plaats komen en bleef hij staan. Terwijl de wagon vaart maakte en pardoes naar de kop van het station snelde, waar net een passagierstrein binnenliep... Afgelopen, uit. De gevangenis! dacht Nikolaj Ivanovitsj gelaten en op dat moment maakte zijn vrouw hem wakker: de kip met het blauwe vlekje was weg.

Hij kleedde zich aan, liep naar buiten.

De grijze dag liep ten einde, de wind was naar het noorden gedraaid, liet het blik rammelen, de overgebleven rode bladeren in de kersenboom rillen, sloeg de rook van de verre fabriekspijpen neer en joeg die in de richting van het dorp.

Nikolaj Ivanovitsj telde de kippen in het kippenhok, zocht alle hoeken en gaten van het erf en de moestuin af, keek door het gat van de poepdoos: de kip met het blauwe vlekje was inderdaad niet thuis.

En ze was ook niet op straat.

Hij liep naar de buren.

Daar kreeg hij te horen dat ze geen vreemde kippen hadden, niet konden hebben ook en dat hij niet zomaar de waakhonden op stang hoefde te jagen.

Hij liep de straat uit, keek op vreemde erven en in vreemde tuinen.

Hij liep het braakliggende terrein op.

Er lichtte iets wits op, maar het was geen kip, het was een stuk papier dat in de schemering opwarrelde.

De wind suisde en jankte, onder zijn voeten knapte het bevroren onkruid.

Het werd snel donker. Aan de horizon trilde inmiddels de gebogen keten van fabriekslichten.

De lijnbus reed met licht op voorbij. Vaag, als door verbandgaas, lichtten de lichten van het dorp op.

Vóór hem stak iets zwarts af, op de plaats waar na de Novemberfeesten een dode man was gevonden.

Nikolaj Ivanovitsj bleef staan.

Dat zwart maakte hem bang.

Hij wilde al rechtsomkeert maken, maar op dat moment begonnen aan de kant van de fabrieken hete hoogovenslakken te stromen, de gloed bewoog snel naar het dorp en verlichtte het braakliggende terrein.

Nikolaj Ivanovitsj deed een paar aarzelende stappen naar voren en haalde opgelucht adem: wat zwart had afgestoken, wat hem bang had gemaakt, bleek een verschroeide busbank.

Hij boog zich voorover om te kijken of de bank niet nog in het huishouden van pas zou kunnen komen en zag de kip. Ze lag achter de bank, in een kleine geul, tussen verse klodders bloed. Hij bleef lange tijd naar de dode kip staan kijken.

Het schilderij

Ik ben hier gewoon nog nooit geweest, denkt Vasili Isajevitsj, en hij loopt aarzelend naar binnen, koopt een kaartje, is verbaasd hoe goedkoop dat is en komt in een fraaie en volstrekt uitgestorven zaal van de stadsgalerij.

Hij bekijkt in alle rust het werk van de plaatselijke kunstenaars en blijft staan voor een doek met een zo natuurgetrouw weergegeven zomerzee dat je meteen zin krijgt om je uit te kleden, die azuurblauwe heerlijkheid in te lopen en op het gele zand te gaan liggen...

Een heel goed schilderij, denkt Vasili Isajevitsj; hij leest het bordje met de naam van de maker en meteen verandert zijn gezicht: Demerdzji, Vasili Konstantinovitsj, schepper van het onderhavige doek, is Vasili Isajevitsj nog driehonderd roebel schuldig en wil ze maar niet terugbetalen...

Vuilak! denkt Vasili Isajevitsj en hij verlaat resoluut de zaal.

Op de drempel van het nieuwe leven

De zware industrie in onze stad is hoog ontwikkeld. Je vindt bij ons de allergrootste hoogovens, martinovens en walsmachines. Veel helden van de arbeid. Er zijn clubgebouwen en sportvelden. Met de voedselvoorziening zit het wel snor. Men komt uit naburige steden naar ons toe voor worst.

Ik woon met mijn moeder en mijn oudere broer aan de rand van de stad, in Slakkendorp. Dat is een groot en krachtig dorp. Veel mensen hebben een auto en een motorfiets. Ze voeden en kleden zich goed.

We wonen in een riante, maar nog niet helemaal afgebouwde flat van slakkenbeton. We hebben kippen, een schuur en een moestuin. Vader is drie jaar geleden omgekomen bij een dorpsgevecht, moeder werkt op het gemaal, mijn broer op een kantoor en ik doe mijn laatste schoolexamens en bereid me voor op het Nieuwe leven – ik heb bij de voorjaarscommissie dienstplicht een verzoek ingediend om tot de militair-juridische opleiding te worden toegelaten.

In de vijfde klas voelde ik opeens aandrang tot juristerij. Ik zonderde me op zolder af en organiseerde daar alle mogelijke gerechtelijke processen tegen alle mogelijke misdadigers. Sommigen sprak ik vrij, anderen veroordeelde ik tot diverse straffen en de zwaarste gevallen nam ik mee naar achter de poepdoos, waar ik ze terechtstelde.

Soms liep het aantal terechtstellingen zo hoog op dat ik 's nachts bang was om te gaan plassen.

Later begon ik juridische wetten voor de kosmos op te stellen en ik heb er inmiddels heel wat in gereedheid.

Ik wil een jurist van landelijke betekenis worden.

Zoals onze ondiepe en met olie vervuilde Pijavka* ergens uit-mondt, zo zal mijn leven zich spoedig in de oceaan van het nationale bestel uitstorten.

Moeder juicht mijn droom toe, verkondigt aan iedereen dat haar zoon een landelijk opererende openbaar aanklager wordt, maar stelt me niet vrij van huishoudelijk werk: ik moet de planten water geven, komkommers naar de markt brengen en het kippenhok schoonmaken.

Terwijl mijn broer niets in huis doet. 's Avonds gaat hij naar de stad of ligt hij op de bank.

Hij grinnikte toen hij van mijn droom hoorde.

We zullen zien, broer!

Ik heb mijn laatste schoolexamen gehaald! Met glans! Ik ben erin geslaagd om de wetten van de dialectiek met jurispru-dentie en kosmos te verbinden! Ik kreeg gelukwensen! Men zei dat mij een schitterende toekomst wachtte!

Ik ben verdrietig dat de school nu achter mij ligt en blij dat het Nieuwe leven voor mij ligt...

Hitte, stof, vliegen. Morgen is het eindexamenfeest. Voor-bereidingen. Ik oefen op zolder met dansen en toespraken houden. Zenuwen.

Vlees, worst, groente, fruit, snoep, gebak, taart, limonade, drank, muziek, dansen – het was er allemaal, op het eind-feest. Aan tafel wist ik een plaatsje naast T. te krijgen, die ik altijd leuk had gevonden en die ik dat op deze afscheids-avond wilde laten weten. Eerst voelde ik me wat geremd, maar gaandeweg kwam ik los en begon over jurisprudentie en kosmos. En merkte dat mijn redenaties T. niet onberoerd lieten. Dat wond me op en ik verklaarde dat er voor haar ook wel een plaatsje in mijn toekomst te vinden zou zijn.

* Bloedzuiger (noot van de vert.)

'Dat is geweldig, dat is prachtig!' zei ze.

Het duizelde mij. Ik stond op en stelde een toost op de liefde voor. Ik kreeg bijval.

'Op de liefde!' riep ik, mij tot T. wendend.

'Op de liefde!' antwoordde ze.

Ik was gelukkig.

Maar toen we gingen dansen, liep ze naar D. en danste de hele avond met hem. Ze dansten te vrijmoedig, op het onwelvoeglijke af zou ik zeggen, ik besloot het bandeloze, beschonken gezelschap te verlaten, ging naar huis, maar kwam weer terug: stel dat T. nu eens niet meer met D. aan het dansen was? Maar ze bleven maar dansen en liederlijk doen. Ik verliet voor de tweede maal het bal en keerde wéér terug. Nu zag ik ze op de gang. Ze stonden in een donker hoekje, dicht tegen elkaar aan gedrukt. Toen liep ik de zaal in, vroeg de microfoon en verklaarde dat ik voor iedereen een verrassing had en wel: een familielid van mij werkte als chef van een garage en ik had een bus met hem besproken die nu bij school zou voorrijden en waarmee we naar natuurpark Heldere Bronnen konden om daar de eerste zonsopgang van het Nieuwe leven mee te maken.

Iedereen schreeuwde 'Hoera!', begon mij om het hardst te jonassen, en hoe hoger ik de lucht in vloog, hoe banger ik werd, omdat ik helemaal geen bus besproken had.

Ik voelde me niet lekker, moest overgeven en werd pas de volgende dag wakker, op de school-wc, midden tussen de vliegen, de vuiligheid en de hitte...

Maar goed, daar zal ik het niet over hebben. Dat is allemaal onzin, vergeleken bij alle magnifieke en grandioze dingen die mij in de toekomst wachten!

Maar het is wel een mooi stel! Om mij alleen op de wc achter te laten!

Opstelling van een wet over de strafrechtelijke verantwoordelijkheid voor het achterlaten van een kotsende jongen op de wc in kosmisch bestek.
Geeft niks, ooit halen ze me allemaal in, met vlaggetjes, bloemen en mijn portret.

Hitte, stof, vliegen. Werk in huis en voorbereiding op de toelatingsexamens voor de militair-juridische opleiding.
Ik moet me grondig op het Nieuwe leven voorbereiden. Ik moet dringend goede manieren en een correcte spreekwijze leren. Ik moet keurig aan tafel leren zitten en netjes leren eten. Uiterlijk gezien moet ik van mijn zachte g af. Dialect en lelijke woorden vermijden. Je moet het Nieuwe leven zo deftig mogelijk ingaan.
Staat u mij toe, alstublieft, wilt u zo goed zijn, wenst u niet, kan het dienstig zijn, geen dank, in dier voege, in overeenstemming met het eerder gestelde, als een rode draad, het quorum, om excessen te vermijden, prachtig, geweldig, tot ziens, gordijnen, garnering, galop, leugenaar, lagune, God, graniet...
Hitte, stof, vliegen. Het schoonmaken van het kippenhok. De stank, de veren, het dons, de mest, de luizen. Moeder controleert of er geen vuiltje achterblijft. Ze doet haar uiterste best om het kippenhok schoner te houden dan haar huis.
Geeft niks! Eens zullen ze zeggen: hij was niet alleen een groot staatsman, maar ook niks te beroerd om het kippenhok schoon te maken.
De aarde scheurt, de moestuin schroeit. Het water geven, 's morgens, 's middags en 's avonds. Ik kom de deur bijna niet uit. Ik probeer klasgenoten te ontlopen.

Bij het hekje stond ik te kijken hoe de zon achter de kippenslachterij onderging. Opeens zag ik T. lopen. Ik ging op mijn hurken achter het hekje zitten.
Geeft niks! Eens word ik omringd door de mooiste en knapste vrouwen!

Een vroege morgen, een zak met komkommers, de bus, de markt. Moeders gevecht om de beste plaats in de bus en op de markt.
Mijn broer kwam 's avonds met een vrouw aan. Ze zaten onder het afdak te drinken en te roken.
Ik kon niet slapen.

's Avonds ging ik naar R. en V., met wie ik eens vriendschappelijke betrekkingen heb onderhouden. Ze zijn inmiddels van de technische school en werken nu als ijzerwerkers op een metaalfabriek. Het zijn misschien geen al te snuggere gasten, maar ze zijn wel rustig en hebben niets met die rotjongens van het dorp.
Ze zaten op een bankje bij R.'s flat. Ze ontvingen me heel goed, vroegen of het waar was dat ik openbaar aanklager wilde worden, waarop ik antwoordde dat de bepaling 'openbaar aanklager' te beperkt was en dat ik mij voorbereidde op een breder en dieper juridisch werkterrein in kosmisch bestek.
Ze begonnen over handschoenen die ze op hun werk niet kregen en waar ze niet zonder konden. Ik adviseerde hun om zich wat die handschoenen betrof tot het districtscomité te wenden, of tot het Centraal Comité. De avond verliep in een sfeer van vriendschap en wederzijds begrip.

Geeft niks, R. en V., niet getreurd! Eens stel ik jullie aan als directeur van een buitengewoon grote fabriek!

Buurvrouw en moeder bespreken bij het hek het dorpsnieuws. Ik geef de planten water, hoor ze praten en denk:
bestaat het leven om ons heen dan alleen maar uit negatieve
zaken? Waar blijven dan de positieve dingen? Waar is het
verheven streven? Waar is uiteindelijk de poëzie van het leven? Wat willen jullie dan, kameraden? Jullie willen worst
– alsjeblieft, dat hebben we! Jullie willen cultuur? Ga naar
de bibliotheek, de bioscoop, het buurthuis! Willen jullie zelf
cultuur maken? Alsjeblieft, doe een cursus, ga tekenen, bor-
duren, branden, kleien, schrijven, zingen, dansen! Houden
jullie niet van dingen die misgaan? Vecht ertegen! Willen jullie naar andere steden en landen..?
'Ik wil helemaal niks!' zegt moeder. 'Ik wil dat het morgen
gaat regenen en dat de kippen flink eieren leggen!'
Daar heb je hun hele filosofie! En veel mensen uit ons dorp
zijn voor deze filosofie gezwicht: alles gaat om mij, om mijn
moestuin en om mijn kippen!
En het land dan? En de wereld? En de kosmos?

Hitte, stof, vliegen. Zonder dat moeder het wist heb ik in
de schuur confituur van vorig jaar gegeten, ik schepte die
met een stuk karton uit een drieliterpot. Opeens stapte mijn
broer binnen.
'Aan de schrans, jurist?'
Waar gaat het eigenlijk over? Waarom doet hij zo? Mag een
toekomstig jurist soms niet van confituur houden?

M. moet zitten voor het jatten van zinken pijpen.
Opstelling van een wet over de strafrechtelijke aanspra-
lijkheid voor het jatten van zinken pijpen in kosmisch bestek.

R. en V. gaan maar door over die handschoenen.

Je moet idealen hebben, een droom, dan is die handschoe-
nenkwestie bijzaak.

Het schoonmaken van het kippenhok.
Kutkippen! Ik heb de boel net schoongemaakt en nu hebben
jullie alles weer onder gescheten.

Lelijke woorden en emoties vermijden. Het schone zien.

Moeders gevecht op de markt in de rij voor de weegschaal.

Een vechtpartij bij de bierstal. Er werd iemand in elkaar geschopt.

Ik kom hier incognito, geschminkt, en ik loop naar de bierstal,
pak een pul bier en ga pardoes op de grond zitten. Iemand zal
zeker aanstoot aan me nemen, mij voor ezel uitmaken, vuile
stinkerd, etterbak, uitslover, hij zal gaan spugen en in mijn
bier pissen, en dan trek ik mijn met goud en edelstenen ingelegde, op naam gestelde pistool.

Kuttuin! Hoe natter je hem maakt, hoe droger hij wordt!

Lelijke woorden en emoties vermijden. Het schone zien.

Mijn broer en een mooie vrouw. Waar haalt hij ze vandaan?
Waarom gaat hij niet trouwen?

Een wandeling langs de oever van de Pijavka. Ooit baadde
heel ons Slakkendorp daar, ooit hadden R., V. en ik daar onze
MOZS georganiseerd, onze Mondiale Olympische Zomerspe-
len: wie zich het snelst kon uitkleden en in het water sprin-
gen, wie het langst onder water kon zitten, wie het verst kon

spugen enz., maar nu is het finaal uitgestorven, ruist het roestbruine riet, drijven er olievlekken op het water... Snik-hitte, doodse stilte, verlatenheid...

Als ik een man van nationale betekenis ben, maak ik de Pijavka schoon, diep, waterrijk. Ik kleed haar in graniet en marmer. Ik verbind haar met de grootste havens van het land en van de wereld.

Hitte, stof, vliegen. Moeder bakt of kookt nooit een ei – ze gaan allemaal naar de markt, allemaal in de verkoop.
Ik moet in het geniep eieren leegslurpen in het kippenhok.

Mijn gedachten niet fixeren op zulke kleinigheden. Proberen te denken aan het verhevene, het betekenisvolle, het nobele. Streven naar het schone.

Een stedelijke kunsttentoonstelling bezocht: portretten van helden van de arbeid, hoogovens, martinovens, walsmachi-nes. Een dankbare reactie achtergelaten in het gastenboek.

Naar de winkel geweest voor brood en suiker. Blootgesteld aan een aanval van de kant van het tuig. Thuisgekomen zon-der brood, suiker en geld, met een smerige aanblik.
Een gerechtelijk proces tegen het dorpstuig. Terechtstelling van de grootste boosdoeners achter de poepdoos.

's Morgens moest ik plassen en zag ik onze poepdoos op zijn kant liggen. Wat was er gebeurd? Zou het 's nachts soms ge-waaid hebben?

Mijn broer weigert mee te helpen om de poepdoos overeind te zetten.

'Jij voert daar je doodstraffen uit, dan moet je hem ook maar overeind zetten', zei hij.
Stank en wormen van de poepdoos.

Voorbereiding op de examens, de opstelling van nieuwe wetten, de strijd tegen de zachte g, het werk in de moestuin, de markt.

R. en V. hebben het niet over handschoenen, maar over het feit dat ze boksbeugels moeten vervaardigen van aluminium, eboniet of tekstoliet. Een gevaarlijk streven!
Hun manier van leven is het gevolg van het gemis van een verheven doel en een nobele droom.
Je moet jezelf zo hoog mogelijke doelen stellen en die proberen te halen.

Een van onze kippen is verdwenen.
Een poging om via de methode van de deductie de verblijfplaats van de kip vast te stellen.
'Kutkloten!' schreeuwde moeder. 'Ga zoeken!'
Naar het braakliggende terrein gelopen, naar de kalkput, naar het ravijn, naar de vuilstort – zonder resultaat.
Een poging om buurman B. over de kwestie van de verdwenen kip te ondervagen eindigde met een onaangenaam exces: buurman B. gaf me een schop onder mijn kont.

Opstelling van een wet over strafrechtelijke aansprakelijkheid voor de weigering een getuigenverklaring af te leggen in kosmisch bestek.
Opstelling van de wet op de strafrechtelijke aansprakelijkheid voor een schop onder je kont in kosmisch bestek.
Gerechtelijk proces tegen B. Vonnis: twee jaar dwangarbeid in een mijn op Uranus.

Moeder zit op het bankje onder het afdak te jammeren over de verdwenen kip: 'Je was mijn beste kip! Waarom ben je nu weggelopen? Waarom hield je het niet uit bij me? Heb ik je ooit tekortgedaan? Heb ik ooit je veren geplukt? Je was mijn slimste kip! Mijn rustigste kip! Mijn beste legkip! Voor wie heb je me verlaten? Waar zit je nu? Waar heb je nu je oogjes toegedaan? Wat moet ik nu zonder je beginnen?'

Hitte, stof, vliegen. R. en V. hebben het over de boksbeugels. De komkommers zijn bijna over, de tomaten zijn nog niet rijp. De aarde scheurt. Het water verdwijnt spoorloos in de scheur. De berg kippenstront groeit. Met een uitgestreken gezicht aan tafel zitten, zonder mijn armen wijd te doen. Nauwkeurig en met gezag praten. De schoonmaak van het kolenhok. Stof, spinrag. Het hok grenst aan het erf van de buren. Door een spleet zijn buurvrouws benen te zien. Ze doet de was. Haar jurk zit ver omhoog. Een rilling. Weg van de spleet. Niet gluren. De spleet leidt af van verheven gedachten en gevoelens. Vechten tegen aantrekkingskracht van de spleet. Vechten tegen lage gevoelens en aandriften. Vechten en overwinnen. Vechten, overwinnen en weer bij de spleet staan. Door moeder bij de spleet betrapt. Herrie, kabaal. Mijn broer lachen. We zullen zien, broer.

Voor de tweede week staat er een oostenwind. Alles schroeit, zindert, verzengt. In de gloeiend hete lucht glinstert het stof. Mijn broer zei onder het middageten dat ze in onze stad met de bouw van nog een hoogoven zijn begonnen – de grootste van Europa. Hij zei dat we hier binnenkort helemaal verstikt worden. Ik antwoordde dat je geen pessimist mag zijn, dat alle fabriekspijpen in de naaste toekomst van hoogst effectieve filters zullen worden voorzien. Hij antwoordde met een onherhaalbare krachtterm. Ik zei dat zijn antwoord het gevolg was van zijn grove inborst en het gemis van een positieve instelling. Hij plensde mij zijn bietensoep in mijn gezicht.

Ik meen dat hij het bij het verkeerde eind heeft. En dan gaat het helemaal niet om die bietensoep, hoewel je hem dat ook ten laste kunt leggen, maar om iets anders, iets wezenlijkers: het gaat hier om het gemis van elke positieve instelling, en dat is heel wat wezenlijker dan bietensoep.

Opstelling van een wet die waarschuwt voor een beroep op de kosmos zonder een positieve instelling.

Opstelling van een wet op de verantwoordelijkheid voor het plenzen van bietensoep in iemands gezicht in kosmisch bestek.

R. en V. zijn begonnen aan de vervaardiging van boksbeugels van eboniet.

Niet aan denken.

Naar de stadsschouwburg geweest. Een stuk gezien over staalgieters. Wilde tegenover de acteurs en de regisseur mijn dank uitspreken en een paar opmerkingen, maar ik raakte de weg kwijt in de coulissen, belandde in een muffe rommelkelder waar ik door een grove kerel werd uit gejaagd.

Opstelling van een wet op de administratieve aansprakelijkheid voor grofheid achter de coulissen in kosmisch bestek.

Kutkippen! Net schoongemaakt en weer alles onder gescheten! Klotenbeesten! Ellendelingen!

Mijzelf in acht nemen. Geen grofheden en platvloersheden toestaan.

Een groep dorpstuig heeft de dienstdoende vrouw van het gemaal verkracht.
Opstelling van een wet op de strafrechtelijke aansprakelijkheid voor verkrachting in kosmisch bestek, met tien jaar dwangarbeid in de mijnen op Venus.

R. en V. hebben gaten in het eboniet geboord.

Hitte, stof, vliegen. Zonsondergang achter de kippenslachterij. Nachtviolen, maan. Opstelling van een project voor een gevangenis op de maan.

Vechtpartij op het braakliggende terrein.

Materie is een objectieve werkelijkheid die ons in waarnemingen wordt gegeven. Spiraalvormige ontwikkeling van de maatschappij. Naar de kwestie van het kostuum, vooral dan het jasje. Het blijkt dat je zonder jasje nergens heen hoort te gaan – behalve voor een sportief uitje. Op visite bij intieme vrienden kun je toestemming vragen om je jasje uit te doen, bij andere ontvangsten wachten we tot de heer des huizes daar zelf mee komt. Bij een pak hoort onherroepelijk een stropdas. Bij een officiële gelegenheid is het jasje dichtgeknoopt. Met dichtgeknoopt jasje loop je bij kennissen binnen, een restaurant (zeker in gezelschap van een vrouw), een vergaderruimte, een schouwburgzaal. Het jasje moet eveneens zijn dichtgeknoopt als we als presidium aan tafel zitten of een praatje houden...

Gesprek met moeder over mijn pak, waar ik allang ben uitgegroeid – zowel moreel als fysiek.
'Ik heb geen geld voor een pak. Nog even en de staat geeft je een fijn kostuum', antwoordde ze.

R. en V. zijn begonnen met het slijpen van de boksbeugels.

Een gratis klassiek concert in het park bezocht. Er waren minder toeschouwers dan musici en aan het eind was ik alleen over, omdat een toekomstig jurist van landelijke betekenis een harmonisch ontwikkeld persoon moet zijn.
Na het concert liep ik naar de musici toe en betuigde hun mijn dank.
'Wat maakt u me nu?!' riep de dirigent uit. 'Wij moeten u bedanken, wij zijn u dankbaar!'
Hij maakte een buiging voor mij, de musici klapten en ik voelde me duizelig, begaf mij in een opgewekte stemming huiswaarts, vergat het gevaar je op het achterbalkon van onze bus op te houden en werd het slachtoffer van pesterijen in de vorm van stompen en fluimen. Thuisgekomen werd ik door moeder echter meteen doorgesluisd naar het nachtelijk begieten van de moestuin.

Hitte, stof, vliegen.
R. en V. slijpen hun boksbeugels.
N. moet zitten voor het jatten van zure room.

Ruzie van buurvrouw en moeder door het hek. Moeder beschuldigt buurvrouw ervan dat zij expres haar jurk omhoog doet om haar zoon te bederven, mij dus. Niet luisteren naar dat geruzie. Niet horen die woorden. Mij intensief blijven voorbereiden op het Nieuwe leven. Mijn zuidelijke tongval, het dialect en de platvloersheid blijven uitroeien. Netjes leren lopen. Netjes leren staan. Netjes leren zitten. Geld onder het zeiltje vandaan gehaald, naar de stad gegaan, naar een film geweest over de dagelijkse gang van zaken van de strafrecherche, naar cafetaria Stormvogel, aldaar een glas appelsap gedronken en twee erwtentaartjes gegeten.

Moeder ontdekte de verdwijning van het geld, maakte stennis. Wilde bekennen, maar ze was in zo'n afschuwelijke bui dat ik daar van afzag. Ze vroeg het aan mijn broer.

'Laat me met rust met dat stinkgeld van je! We hebben een jurist in huis, zadel hem maar met het onderzoek op!' zei hij.

Gerechtelijk vooronderzoek, verhoor en gerechtelijk proces tegen mijzelf op zolder.

Ik leidde mijzelf naar achter de poepdoos, maar op het laatste moment ging ik in cassatie en kreeg gratie, met omzetting van terechtstelling in vijftien jaar zwaar regime. Uit gevangenschap ontsnapt, mij in de taiga verscholen, tussen de tomaten, vervolgens in de bergen, achter de kippenstront. Kwam vervroegd vrij.

Hitte, stof, vliegen. Buurvrouw en moeder nemen het dorpsnieuws door. Ze praten over G., die de oude vrouw Jatsoetsjka een pak slaag heeft gegeven.

'Voor Jatsoetsjka krijgt hij niet lang', zegt moeder.

'Hij krijgt helemaal niets. Het is niet de eerste keer. Hij koopt het af', antwoordt buurvrouw.

Ik geef de planten water, hoor het gesprek aan en denk: wat betekent dat, 'hij krijgt niet lang', wat betekent 'afkopen'? Wat zijn de mensen juridisch toch weinig onderlegd en naïef! Wat een burgerlijke voorstelling van de rechtspraak!

De hitte neemt niet af, de droge wind schroeit nog steeds, het stof blinkt en schittert.

Mijn broer zei onder het middageten dat van een van de hoogovens het pantser was gebroken, het dunne gietijzer uit de oven was gelopen, er waren slachtoffers.

Ik vroeg hoe hij aan die informatie kwam – het stond immers niet in de krant en ook op de radio was er geen melding van gemaakt.

Hij plensde mij zijn soep in mijn gezicht.

's Avonds ging ik naar R. en V. Ze zaten op een bankje aan hun boksbeugels te vijlen.

Ik besloot iets serieus en gewichtigs met hen aan te snijden. Begon over de materie in haar filosofische betekenis.

'Krijg de ...', zei R.

Ik liep weg met de gedachte nooit meer naar hen toe te gaan. Ging naar de steile helling. Uit de fabrieksrook kwam een purperen maan tevoorschijn gekropen. Zoals jij altijd uit de fabrieksrook naar ons toe kruipt, maan, zo kruip ik binnenkort ook uit Slakkendorp, dacht ik. Beneden, in het licht van de maan en de gloed van de gestorte hoogovenslakken, tussen het dichte riet en de zieke wilgen kronkelde de Pijavka. Zoals jij, kronkelend tussen zieke wilgen en dicht riet, vergiftigd en met olie bedekt, ergens in zee uitmondt, zo zal mijn leven zich binnenkort ook in de oceaan van het staatkundige leven uitstorten, dacht ik. Zoals jij tevoorschijn kruipt om de duisternis van de afgraving te verlichten, zo zal mijn licht ook spoedig het duister en donker van het leven verlichten...

Eigenlijk moet je gevogelte met mes en vork eten, terwijl we sinaasappels en mandarijnen nooit spiraalsgewijs pellen, het zijn geen perziken, dus eerst snijden we ze op een bord in stukken, vervolgens verwijderen we de pitten, daarna halen we de schil eraf – en dat allemaal met behulp van mes en vork, beslist niet met je handen!

Artikel in de krant over de ontmaskering van een geleerde die een spion bleek te zijn.

Gerechtelijk proces tegen de spion op zolder.

Terechtstelling achter de poepdoos.

's Nachts moest ik eruit om te plassen en opeens hoorde ik achter de poepdoos gekreun. Ik werd doodsbang, maakte mijn broer wakker.

'Als jij maar flink blijft rechtspreken en terechtstellen, zul je nog wel andere dingen te horen krijgen', zei hij.

Hitte, stof, vliegen. Na de was doet moeder haar best om haar ondergoed, dat niet zo'n nobele aanblik biedt, het meest in het gezicht te hangen.

N. is bij de bierstal een oog uitgeslagen.

Schande over de Amerikaanse agressors!

Schande over de Israëlische oorlogshitsers!

Mijn broer en een mooie vrouw. Waar haalt hij ze vandaan? En waarom vinden ze het goed om onder ons roestige afdak goedkope drank met hem te drinken?

Wat is de vrouw? Hoe ziet dat er bij hen uit? Hoe zit dat bij hen in elkaar?
's Nachts gedroomd van een vrouw die onder haar buik een hete oven met schuifdeurtjes had.

Mij niet verlagen tot minne, platte dromen. Vechten tegen dergelijke dromen. Aan nobele dingen denken. Mij voorbereiden op een nobel leven.
Een boek gelezen en daarin een opmerkelijke gedachte gevonden: de een ziet in een plas alleen maar een plas, terwijl de ander er de sterrenhemel in weerspiegeld ziet.
Prachtig! Geweldig!
Dat tegen mijn broer gezegd.
'Nu ben je gewapend en levensgevaarlijk', zei hij.

Het zou mooi zijn om mijn ietwat eenvoudige, primitieve

naam te vervangen door een meer betekenisvolle, een die gewichtiger en nobeler was, zoals Eduard, Robert, Arthur...

Attentie! Mijzelf eigen maken: een cocktail drink je met kleine slokjes, met tussenpozen. Whisky, met ijs of met prikwater. Wijn drink je beetje bij beetje uit een wijnglas. Likeur, met kleine slokjes. Cognac eveneens met kleine slokjes, met tussenpozen. In die tijd kun je het glas in je hand houden, cognac houdt van warm. Champagne en andere schuimwijn kun je het best meteen achteroverslaan, maar het mag ook beetje bij beetje.

In de kelder zelfgestookte wodka gevonden, van gedronken, gekotst in de poepdoos, achter de poepdoos en in het kippenhok.
Kutkippen, kuttuin!

Mijzelf in acht nemen. Geen grove dingen en vulgariteiten toestaan. Op mijn houding, taal en blik letten. Zuidelijke relicten blijven uitbannen.
's Avonds hield ik het niet uit, ging naar R. en V.
Ze zaten op het bankje aan hun boksbeugels te vijlen.

Naar het militair comité geweest teneinde helderheid te krijgen omtrent de termijn waarop ik een oproep voor mijn militair-juridische opleiding krijg, een zekere grofheid van toon van de kant van het militair comité.
'Wacht maar! Komt vanzelf! Geen tijd voor jou hier!'

Enige momenten van weemoed en verdriet.
Daartegen vechten. Alleen vooruitkijken!

Het streekmuseum bezocht. Een dankbare reactie achtergelaten.

De omgeving van het dorp bezocht. De heuvel achter het gemaal beklommen en in het ravijn achter de vuilstort afgedaald.

Over het leven nagedacht.

Mijn broer is opeens verdwenen. Op zijn werk weten ze ook niet waar hij zit.

Waar moet je hem zoeken, aan welk eind van de stad?

Lopen zoeken, zonder resultaat.

Moeder is op het bureau geweest en daar zouden ze gezegd hebben dat hij niet zoek kan raken, dat hij wel weer boven water komt; zo niet, dan betekende dat één klootzak minder.

Dat kan hij niet hebben gezegd, ik geloof het niet!

Mijn broer kwam 's morgens boven water, ging op de bank liggen, vroeg om water. Ik bracht het. Hij dronk langzaam, kotste vervolgens in de beker, reikte mij die aan en zei: 'Weet je nog hoe ik jou als kind heb lopen stompen?'

'Ja', zei ik.

'Weet je nog hoe ik je met je hoofd naar beneden boven het kokende water hield?'

'Ja.'

'Weet je nog hoe ik scheten in je gezicht liet?'

'Ja.'

'Weet je nog hoe ik je een schop onder je kont gaf?'

'Ja.'

'Je weet alles nog', zei hij. 'Mijn zaak staat er slecht voor.'

'Waarom?'

'Wat anders! Binnenkort ben jij immers een staatsman! En dan krijg je opeens zin om alles wat ik met jou heb gedaan met mij te doen!'

'Ik denk niet dat dat gaat gebeuren', zei ik. 'Ten eerste zit mijn leven dan boordevol belangrijker zaken en gevoelens, ten tweede...'

'Goed, ga maar weg met die stinkbeker van je', zei hij en hij deed zijn ogen dicht.

's Avonds hield ik het niet langer uit, ik ging naar R. en V. Ze waren inmiddels klaar met het vijlen van hun boksbeugels en beukten daar nu mee tegen een boom om hun slagen te oefenen.

Tijdens het schoonmaken van het kippenhok wilde ik een vers ei uit het nest uitslurpen en werd door moeder betrapt – stennis, kabaal.

Moeder had twee ton kolen laten komen. Met emmers naar het hok. Mijn broer is van zijn werk weggelopen, verdwenen.

Iemand is op het braakliggende terrein in elkaar geslagen, bij zonsondergang.

Stof en bloed.

Hitte, stof, vliegen. Moestuin, markt, kippenhok, voorbereiding op mijn examens. R. en V. beuken met hun boksbeugels op een boom om hun slagen te oefenen.

Ik heb iets verkeerds gegeten en een voedselvergiftiging opgelopen, wat in ons huis niet zo moeilijk is: moeder laat je zelfs dingen eten die zo zuur als wat zijn geworden. Als je groot bent, eet je maar verse dingen, zegt ze.

Van streek, aan de schijterij.

Grove aanduidingen vermijden. Geen schijterij, maar buikloop. Mijn maag blijft van streek. Dat is niet best. Dat leidt af van hooggestemde gedachten en gevoelens.

Het park bezocht, waar de dichters van onze stad optraden. Door de schijterij niet alles af kunnen luisteren.

Geen schijterij, maar buikloop.
Moeder brouwde een drankje. Gedronken. Verlichting.

Een mededeling in de centrale krant over een nieuw record van de staalgieter G.
En die G. woont in ons dorp!
Tegen mijn broer gezegd.
Een gedicht van de dichter Z. in onze plaatselijke krant, gewijd aan het nieuwe record van de staalgieter.
Ook die dichter Z. woont in ons dorp!
Tegen mijn broer gezegd.
'Krijg de ...', zei mijn broer.
Kutkippen! Kuttuin! Kutmarkt! Wanneer komt die oproep nou?

R. en V. blijven hun slagen met die boksbeugels op de boom oefenen.

Mijn broer liet zich onder het avondeten laatdunkend uit over onze rechtspraak, die hij kromspraak noemde.
Ik kon dat gemene geschop van hem niet langer aanhoren en liep de keuken uit.
Hij lachte me in mijn rug keihard uit.
We zullen zien, broer.

Gezeten aan de opstelling van een wet op de strafrechtelijke aansprakelijkheid voor het afleggen van valse verklaringen in kosmisch bestek. Mijn broer stapte binnen.
'Geef hier!' zei hij.
Ik reikte hem het vel papier met de wet aan. Hij las het en vroeg grinnikend: 'Zal ik je kennis laten maken met een mooi meisje?' Ik wilde 'ja' zeggen, maar ik zei dat de kennismaking met een meisje mij op het gegeven moment onmogelijk leek,

in verband met mijn voorbereiding op de examens voor de militair-juridische opleiding.
'Vuile stinkerd', zei hij grinnikend.

De hitte duurt voort, de kippen schijten, de tuin verzengt. R. en V. beuken met hun boksbeugels op de boom.

Besloot een nieuwe la voor de keukentafel te maken. Het zou een unieke la worden, zonder één spijker, uitsluitend met pinnen, met versiering, automatisch en met muziek bij het openschuiven. Het zou een herinnering aan mij zijn. Eens zou die la in een museum worden tentoongesteld. Eens zouden de mensen zeggen: 'Hij was niet alleen een uitnemend staatsman, maar hij kon ook nog van zulke laden maken.'
Haalde de oude la uit elkaar, maar de nieuwe lukte niet. De pinnen en de nesten van het type 'zwaluwstaart' van de zijwanden pasten niet. Misschien had ik verkeerd gemeten.

Na opstelling van een wet op de strafrechtelijke aansprakelijkheid voor drugsgebruik in kosmisch bestek liep ik naar de spiegel en hield een redevoering ter gelegenheid van de uitreiking van de staatsprijs voor verdiensten op juridisch terrein. Na een overdadig banket vertrok ik naar de VS, waar ik de maffia ontmaskerde, ananas at, champagne dronk, hasj rookte en huizen van plezier bezocht.
Opeens zag ik mijn broer in de spiegel.
'Nog steeds aan het oefenen?' vroeg hij grinnikend.

De ruzie van buurvrouw en moeder eindigde ermee dat buurvrouw moeder met een emmer op haar hoofd sloeg. Moeder ging naar het bureau, maar volgens haar had de brigadier niet willen luisteren, zich grof en beledigend opgesteld.
Ik denk dat moeder de zaak aandikt, overdrijft.

Trouwens, je kunt langsgaan, controleren en tegelijk te spreken komen over de rechtspraak in brede, filosofische zin.

Ik stelde thesen op, bereidde me voor en vertrok.

Oedot zat achter zijn bureau iets te lezen en brood met worst te eten, waar hij iets bij dronk uit een fles.

'Goedendag! Eet smakelijk!' zei ik.

'Dat vliegt maar onbekookt binnen, wat moet je?'

'De kwestie is, in zekere zin...'

'Korter!' blafte hij.

'Nee... Niets... Eet smakelijk', zei ik en ik vloog de werkkamer uit.

Je mag niet generaliseren. Oedot, dat is nog niet iedereen. Het recht is ook niet de hele juristerij. Niet aan denken. Vooruitkijken.

De hitte duurt voort, de kippen schijten, de tuin verzengt. R. en V. beuken met hun boksbeugels op een boom.

Moeder vertrok 's morgens vroeg naar het platteland voor een begrafenis en legde een briefje op tafel waarin mij werd opgedragen om strikt via het rooster de kippen te voeren en de tuin te begieten. De woorden 'kippen' en 'tuin' waren met hoofdletters geschreven, mijn naam met kleine letters.

's Avonds de moestuin begoten. Mijn broer kwam met een mooie vrouw aan. Ze installeerden zich onder het afdak, gingen aan de drank. Mijn broer riep mij, ik liep naar hen toe.

'Nina, dit is mijn jongere broer, een toekomstig jurist, een rechtsgeleerde, een groot man! En als hij groot is, stuurt hij jou en mij voor onze zonden naar een of andere levenloze planeet!' zei mijn broer.

'Dat zal hij niet goedvinden!' zei de vrouw lachend.

'Reken maar van yes! Hij bereidt zich erop voor!'

'Ik geef hem nu een zoen en dan steekt hij daar een stokje voor!'

zei de vrouw en opeens gaf ze mij een kus waar mijn hoofd van begon te duizelen en mijn benen begonnen te trillen.

'Schenk hem eens in!' zei ze.

'Hier, drinken!' zei mijn broer en hij reikte me een glas wijn aan. 'Drinken, misschien dat het je juridische ziel warmte geeft, misschien zul je dan eens medelijden met ons hebben.'

Slecht geslapen, mijn gedachten waren in de war, mijn hart bonkte.

Nee, nee en nog eens nee! Ik laat me door jullie niet van mijn stuk brengen! Ik laat me door jullie niet in de afgrond van liederlijkheid en geestelijke leegte sleuren! Jullie richten jezelf te gronde en willen mij in jullie val meenemen?

Voorbereiding op de examens. Voorbereiding op het Nieuwe leven. Spraak, blik, houding, strijd tegen de zachte g.

Een bezoek gebracht aan het huismuseum van de uitnemende staatsman Zj., naar wie onze stad genoemd is. Een dankbare reactie achtergelaten.

R. en V. willen iemand aanvallen met hun boksbeugels. Pogingen om hun dat uit het hoofd te praten tot nu toe vruchteloos.

Ze willen vannacht met hun boksbeugels de straat op en iemand aanvallen.

Ik zei dat hun handelwijze tot excessen kon leiden.

'Stinkende juut!' riep R. en hij sloeg mij met zijn boksbeugel.

Hoofdpijn.

Weer aan de schijterij.

Buitengewoon vervelend.

Hitte, stof, vliegen. Fabrieksrook. De moestuin verpietert. In de ton met verrot water komen langzaam groene bellen die knappen. De linkerbuurman, net uit detentie, is een of andere kuil aan het graven in de tuin. De rechterbuurman, die twee keer heeft gezeten, slaat met een hamer op ijzer. In het kippenhok gaan de kippen tekeer. Mijn buik rommelt, mijn hoofd doet pijn.

's Avonds naar de steile helling gelopen. De maan verlichtte de afgrond, de Pijavka, de tuinen van de sovchoz van de voorstad. Zoals jij altijd vanuit de fabrieksrook voor ons tevoorschijn komt, maantje, zo vertrek ik binnenkort ook uit Slakkendorp. Zoals jij, Pijavka, ergens in zee uitmondt, zo stort mijn leven zich binnenkort ook uit in de oceaan van het staatkundige leven.

Opeens omklemde iemand mijn hals. Ik rilde, slaakte een gil. Het was brigadier Oedot.

'Wat doe jij hier?' vroeg hij.

'Staan', antwoordde ik.

'Ik zie dat je niet ligt, maar wat doe je hier?'

'Heb ik daar het recht dan niet toe?'

'Jawel', zei hij, mijn keel dichtknijpend.

'Laat me los, uw handelwijze kan tot excessen leiden', zei ik. Hij stonk naar drank.

'Pokkenjong', zei hij en hij gaf me een draai om mijn oren. Ik viel. Hij begon me te schoppen, ik rukte me los, holde naar het dorp.

Ik holde zigzaggend, struikelde, viel en zette het weer op een lopen – en rende recht op het dorpstuig af. Ze schreeuwden 'Pak die toekomstige openbare aanklager! Sla die toekomstige juut!' Ze stormden op me af en ik holde weg...

Mensen! Helpen jullie mij! Broer! Waar ben je? Red mij!

Oefening

We stonden op het exercitieterrein. Sombere wolken kropen over het verlaten bos. Kozik kwam naar buiten, liet een sombere blik langs de geledern gaan, groette. We antwoordden. Een raaf vloog van de ene tak naar de andere. We maakten rechtsomkeert, begaven ons naar het trainingstoestel. Op commando haalden we de hoes en de banden eraf. We haalden de hoes van het trainingstoestel, haalden de banden eraf. We sloten de slangen aan, pompten het trainingstoestel met lucht op en smeerden het. De richters stelden het doel in. Kozik haalde een hendel over, het trainingstoestel strekte zich uit in de richting van de bandage en nam een werkhouding aan. We controleerden lucht, olie en doelwit nog eens. Er waren geen afwijkingen. Op commando begonnen we aan de synchrone opwarming van de grendels.

'Niet te gehaast. Tot honderd tellen!' schreeuwde Kozik in de megafoon.

Alles ging goed, alleen Oegrechelidze en Sjpanko vielen buiten de boot: de eerste was te gehaast en hield het niet, de tweede wachtte te lang en was te laat.

We maakten in rotten van één rechtsomkeert en werkten het basisprogramma af. Om beurten namen we een aanloop, sprongen op het trainingstoestel en probeerden daarbij met overgehaalde grendels het van smeer glimmende doelwit te raken en vervolgens een draai van honderdtachtig graden te maken.

Het trainingstoestel trilde en stootte afgewerkte lucht en smeer uit. We beëindigden te training.

We ontluchtten en reinigden het trainingsapparaat en deden de hoes eroverheen.

Met banier en muziek begaven we ons in slagorde naar de ZPR om het hoofddoel in te nemen.

Het bos was afgelopen, we liepen over het doodse veld.

Bij een gigantische, volkomen verlaten varkensmesterij liet Kozik de onderafdeling stilhouden en verzonk in gepeins. Zijn jeugd en jonge jaren had hij op een varkenshouderij doorgebracht en hij kon de plek niet onverschillig passeren. Zijn hart kromp samen bij de herinnering en hij kreeg tranen in zijn ogen.

'Door de knieën!'

We knielden neer, bleven even zitten en gingen weer verder. We kwamen bij een beerput. De wind beroerde het gras rondom de met een korst bedekte zweer. We liepen eromheen, maar opeens bleef Kozik staan. Hij keek naar zijn ondergeschikten. En hij bedacht dat lang niet elk van hen wist wat de beerput van een varkenshouderij inhield. Hij voelde vijandschap voor hen die het niet wisten.

'Door de beerput!' sommeerde hij.

Aarzelend liepen we de prut in, Kozik klom op het enkelspoor, gleed over de beerput heen en moedigde ons aan: 'Voorwaarts! Volg mij! Niet zo schijterig, stelletje kuttenkoppen!'

De sergeants duwden ons voort, praatten ons moed in, sleurden achterblijvers achter zich aan.

Midden in de beerput sommeerde Kozik iedereen door de knieën en kopje onder te gaan.

We gingen kopje onder. Slome duikelaars corrigeerde Kozik met een ijspriem vanaf het spoor. We liepen door de beerput, maakten onze grendels schoon en gingen verder. Bij het pompstation ontrolden we het banier. Het was er een met twee stokken, zijbanen en een baaien voering.

De wind blies hem meteen bol.

We liepen een dorpje binnen, hielden stil op een woest stuk grond.

Er lagen blinkende glasscherven, aan de horizon walmden fabriekspijpen.

De verkenning meldde dat Tonjka thuis was.

'Ontgrendelen! In frontformatie voorwaarts! Muziek!' schreeuwde Kozik.

Tonjka hoorde de bekende marsklanken en kwam haar voordeur uit.

Met blinkende grendels naderde de troepenmacht haar opgeblazen, van waterdichte, zilverkleurige legerstof gemaakte huisje. Tonjka liep naar binnen en nam haar starthouding aan.

Het lied van de auto's

Mijn naam is Nina, ik herinner me niets, ik herinner me alleen de Simforopolbaan, het geraas van auto's en platgetreden honden en katten.

In de tiende klas begon ik te dromen van een kind en een man. Terwijl ik alle mogelijke formules uitrekende, de economische en politieke situatie van verre landen belichtte, over jonggardisten enz. schreef, dacht ik aan hen – aan een kind en een man. Ik zag ze als twee wolken: de grote de man, de kleine het kind. Ze dartelden vrolijk door de blauwe lucht, kwamen soms heel dicht bij me en vlogen dan weer weg en verdwenen…

Eens in een herfst leerde ik iemand kennen. Hij was bang van auto's, verstijfde van schrik op een kruispunt, vertrouwde het stoplicht niet en rilde van angst – je kon geen wandeling door de stad met hem maken.

Niettemin trouwden we en betrokken ons huisje aan de Simforopolbaan. De eerste de beste nacht schoot hij opeens uit bed, snelde naar het raam en scheen met een zaklantaarn op de weg.

'Waarom doe je dat?' vroeg ik.

'De auto's moeten weten dat hier mensen wonen', zei hij.

Ik hielp hem de wacht houden bij het raam: hij een halve nacht en ik een halve nacht.

Het geraas van de weg nam toe, het aantal auto's nam toe, sterk toe.

Ons kind was ook bang van auto's.

We zetten ons huis te koop, maar vonden geen kopers.

Het aantal auto's nam sterk toe, het geraas nam toe, de weg werd verbreed, tot pal voor ons raam.

Mijn man blies de nachtelijke wachtdiensten af.

'Dat is nutteloos', zei hij. 'We moeten van ze houden, dan komt alles goed.'

Als de zon 's avonds haar afscheidsstralen op onze smerige ramen wierp, liet hij ons met ons gezicht naar de weg neerknielen en almaar herhalen: 'Wij houden van jullie... wij houden van jullie...'

Op een februarinacht reed een kiepwagen ons huisje binnen, zij vonden de dood, ik overleefde.

Eigenlijk vonden ze niet de dood, maar kregen ze alleen een andere substantie door weer in wolken te veranderen.

Ze dartelen vrolijk door de blauwe lucht, nu eens komen ze vlak bij me, dan vliegen ze weer weg en verdwijnen...

Vandaag heb ik eindelijk mijn werk van jaren afgemaakt, mijn 'Lied van de auto's'...

Tempo naar keuze.

De Carmensuite

Toen hij het filmballet *De Carmensuite* (in de regie van de Cubaanse balletmeester Alonso, op de muziek van Bizet-Sjtsjedrin) had gezien, besloot Viktor Doedkin, wagonkoppelaar op het station van Debaltsevo, kennis te maken met Maja Plisetskaja.

Wat voor manieren zou hij moeten hebben, wat voor kleren, wat voor taal bezigen? Problemen en vragen te over voor zijn reis naar de hoofdstad.

Doedkin was helemaal zenuwachtig.

In de trein ging hij zo vaak roken dat de conductrice zei: 'Jij blijft aan het lopen, winkelman.'

In Moskou was het guur en koud, het sneeuwde hard, Plisetskaja was nergens te vinden, tegen de avond zag Doedkin helemaal groen. Hij bracht de nacht door op het station en ging de volgende morgen weer naar huis.

Het oude leventje hernam zijn loop: wagons, rails, wissels, automatische koppelingen, slangen, wielen, remschoenen, maar Plisetskaja verdween niet uit zijn gedachten.

Op een nacht verzonk Doedkin, hangend op de treeplank van een bijna stilstaande wagon, in gedachten aan haar, begon te geeuwen en ramde de deur van de remise. Ze lasten een nieuwe en hingen die op – die ramde hij ook.

Hij moest weg bij het spoor.

Doedkin zegde op en vertrok naar Moskou, ditmaal voorgoed. In de trein raakte hij toevallig in gesprek met een oudere heer genaamd Arnold Vjatitsj.

'Plisetskaja?' vroeg Arnold Vjatitsj smalend. 'Wat moet je met haar? Ga liever naar de landbouwtentoonstelling, neem onze verworvenheden in ogenschouw en keer naar huis terug – dat is maar het beste.'

Met hulp van Arnold Vjatitsj kreeg hij een baan als huismeester, een tijdelijke verblijfsvergunning en een dienstkamer. Plisetskaja zat in Japan.

Het was herfst, gele bladeren warrelden traag langs de kille noordelijke hemel, vervloeiden met het goud van koepels en kruisen.

Na het werk ging Doedkin wandelen.

'Het sneeuwt,' neuriede hij, 'je komt vanavond niet. Het sneeuwt... dit wordt mijn dood...'

Het begon inderdaad steeds vaker te sneeuwen, de winter stond voor de deur. Die begon hier een stuk eerder dan daarginds, thuis in Debaltsevo.

Na de novemberfeesten kreeg Woonzaken een nieuwe hoogste baas, majoor buiten dienst Pjotr Stepanovitsj Stoetsjik.

De nieuwe chef liet het leven van Woonzaken een scherpe wending nemen in de richting van ontgassing, kernraketoefeningen, familiegevoel voor de verre partij MPLA en liefde voor een bekende bergdichter die Stoetsjik om een of andere reden als Hansap aanduidde.

Arnold Vjatitsj stierf.

Plisetskaja vertrok van Japan naar Italië.

Het werd een kwakkelwinter: nu eens krakende vorst, dan weer onverwacht invallende dooi en dan weer onophoudelijke sneeuwval.

Doedkin werd overgeplaatst naar een complex waar buitenlandse specialisten woonden – het sneeuwruimen en ijsbikken diende er bijzonder zorgvuldig te gebeuren.

Tegen de avond trilden zijn handen en voeten van schop en koevoet.

In januari vatte Doedkin kou, maar zonder koorts.

Hij kreeg geen verwijzing voor het ziekenhuis.

Hij had de hele maand januari last van zijn verkoudheid en in februari merkte hij dat zijn ogen en oren achteruit gingen, dat hij moeilijker uit zijn woorden kon komen en dat hij op zijn buik ook nog eens een soort bruine kwab kreeg.

'Niets ergs', kreeg hij op de poli te horen.

Onderweg van de poli werd hij opgepakt en in een ontnuchteringscel gegooid, waar hij 's nachts door een dronkenlap in elkaar werd getremd.

Hij ging nog slechter zien en horen en kon op de lessen politiek van Woonzaken de woorden MPLA en Zimbabwe niet meer uit zijn mond krijgen.

'Je raakt wel heel erg verlopen, broer', zei Woonzakenbaas Pjotr Stepanovitsj Stoetsjik.

De kwab op zijn buik groeide, kwam onder zijn jekker vandaan.

'Nog even en die Doedkin van ons gaat bevallen!' zeiden vrouwelijke huismeesters lachend.

Eind februari kreeg hij ontslag bij Woonzaken, maar ze gebruikten hem nog de hele maand maart voor de afvoer van ijs en sneeuw.

Eind maart werd hij tegelijk met de laatste klompen ijs en sneeuw de stad uit gebracht, waarna niemand hem ooit meer gezien heeft.

Het koffertje

Op een grijze novemberavond stapte Nikolaj Mogilny, loodgieter bij de dienst vloeibaar gas, uit de bus Schouwburg-
Kalkcomplex en liep naar huis.

Hij had zestig roebel loon bij zich, een fles wijn en een stuk
worst.

Hij dacht al lopend: zo meteen kom ik thuis, doe ik de kachel
aan, zet ik water op, ga ik in bad, strijk ik de was, eet ik mijn
avondeten en ga ik slapen, en morgen ontbijt ik, neem ik de
bus naar de demonstratie en na de demonstratie ga ik, als er
niets tussenkomt, naar huis, eet mijn middageten, kijk televisie en ga naar bed.

Hij keek en zag het dorpstuig achter hem aan komen.

Hij ging sneller lopen, zij ook.

Hij zette het op een lopen, zij ook.

Toen deed hij met een ruk zijn groene hoed van zijn hoofd
en zette het nog harder op een lopen. Hij was al bij zijn hekje
toen zijn loodgieterskoffertje opeens openging en zijn gereedschap met luid geraas over de grond werd uitgestrooid.

Hij had waarschijnlijk door moeten hollen, maar Nikolaj
bleef staan treuzelen, werd ingehaald, in elkaar geslagen en
beroofd.

Toen alles achter de rug was, raapte hij zijn gereedschap bij
elkaar, kroop naar zijn plaggenhut, klom op de bank en trok
een deken over zijn hoofd.

Hij kreunde en viel in slaap...

Hij werd wakker, keek in de doffe spiegel, deed het licht uit
en ging weer liggen.

Zijn plaggenhut was vochtig en koud, voor het schots en
scheve raampje rilde een naakte kersenboom en zag je de
verre, trillende stadslichtjes van voor de feestdagen...

'Gefeliciteerd met de naderende feestdag, koffertje', zei Nikolaj, zich tot de duisternis wendend. 'Geweldig, je hebt me een vriendendienst bewezen, dankjewel... De ene keer krijg je jou niet open, de andere keer ga je uit jezelf open... Waarom ben je opengegaan? En nog wel daar! Je woont hier vijf jaar, ik, goddank, vijfenveertig en ik ken ons Kalkcomplex vast beter dan jij! Er hangt hier altijd kalk, je weet nooit wanneer, waarvoor en van wie je op je donder krijgt! Als je iets verkeerds zegt, krijg je op je lazerij, als je een verkeerde blik werpt, krijg je op je lazerij, als je niets zegt, krijg je op je lazerij... Dan gaat hij open! Terwijl ik weg had moeten hollen! En waar is nu de wijn, de worst, het geld? En hoe moet ik morgen nu met zo'n kop naar de demonstratie? En ik kan niet wegblijven, ik moet de vlag dragen, ik heb in oktober verzuimd en een verse klacht aan mijn broek van een abonnee bij wie ik een gaslek niet goed heb verholpen!

Je moet een beetje nadenken! Om daar open te gaan! Ik zal het kort houden: jij bent opengegaan en nu zul je het krijgen ook!

Zeg je niets, houten rotding? Wat wil je nu? De ene keer krijg je jou niet open, de andere keer ga je uit jezelf open! Wil je met pensioen? Te vroeg, ik moet tien jaar met je doen! Heb je er misschien genoeg van om het koffertje van een loodgieter bij vloeibaar gas te zijn? Wat wil je dan? Wil je misschien het koffertje van een monteur bij vloeibaar gas zijn? Van een ingenieur? Van een ambtenaar? Of wil je misschien op de vuilnishoop, bij de dooie honden en katten?

Zeg je niets? Behandel ik je soms niet goed? Heb je wel gezien hoe Vasjoera zijn koffertje er 's morgens van langs geeft? En is Zjizjoma's koffertje soms beter af? En waar zijn die geweest, wat hebben die gezien? Niets en nergens! Terwijl wij samen in Gorlovka zijn geweest, en in Debaltsevo! Niet ieder koffertje is wel eens in een andere stad geweest. Jij bent met mij zelfs in een pension van vloeibaar gas geweest! Niet elk koffertje is op vakantie geweest in een pension!

Zeg je niets? Schaam je je? Heb je er misschien genoeg van om het koffertje van Mogilny te zijn? Verveel je je soms bij Mogilny? Wil je soms een losbandig leven leiden? Wil je soms het koffertje van Vasjoera of van Zjizjoma zijn? Dan ga je daar toch heen! Ga maar, ik hou je niet tegen! Ga maar naar Vasjoera, ga maar naar Zjizjoma! Ga maar, pers onze abonnees met hen hun geld maar af, drink maar, ga maar uit, maak maar pret, maar weet wel – de ochtend van de kater komt en dan zullen je ribben kraken!

Moet ik je soms ook elke ochtend slaan? Waarom ben je opengegaan? Zal ik je nu een aframmeling geven?

Zeg je niets? Minacht je mij misschien? Vind jij me soms ook een serpent en een minkukel die je over straat kunt jagen, in elkaar kunt slaan en beroven?

Zeg je niets? Ben je misschien ook bang? Bibber je misschien ook? Zeg het dan – dan bibberen we samen en brengen we op een of andere manier de rest van ons onvoldragen leven bibberend door...

Of moeten we hier soms weg? Moeten we soms onze plaggenhut verkopen en naar elders vertrekken, waar ze ons nog niet kennen? Moeten we soms naar Slakkendorp verhuizen, of naar Steendorp? Zullen we daar misschien een ander leven hebben?

Of wil je soms een damestasje? Zeg het dan, dan koop ik dat voor je! Dan leen ik wat geld van Zjizjoma of van Vasjoera – en dan koop ik dat! Zeg maar wat voor één, dan koop ik dat! Ik heb in de koopjeshal keurige damestasjes gezien, dan gaan we daar toch heen!

Zeg je niets? Of wil je dat ik morgenavond met een mes naar de Reservoirstraat ga? Maar wat verandert dat, koffertje? Wordt ons Kalkcomplex daar beter van?

Zeg je niets? Minacht je me?'

... De plaggenhut was vochtig en koud, achter het schots en scheve raampje trilde een naakte kersenboom en zag je de trillende stadslichtjes van de naderende feestdag...

Nikolaj trok de deken over zijn hoofd en deed zijn ogen dicht...

Wat moet je?

Nog even en het zit er allemaal op: de bank, de kranten, de televisie, de klok, de telefoon, het plafond, de muren, het raam... Niets wat je afschrijft, het is tijd. De wet van de negatie van de negatie, de wet van de verandering van kwantiteit in kwaliteit...

Hij wordt naar het kerkhof gebracht, bij de fabriek en de varkenshouderij, en klaar, afgelopen.

En alle vrienden, zijn vrouw, zijn familie zijn op het oude kerkhof, met de adeldom van het eeuwenoude groen, het marmer, de stilte...

Hij is te laat voor het oude kerkhof, te laat...

Natuurlijk wordt daar nog wel begraven, maar wie regelt er iets voor een eenzame oude man?

Zonder bijzondere verdiensten, zonder connecties...

Hij zal zich naar het nieuwe moeten slepen...

Er is daar natuurlijk geen telefoon... niemand die op visite komt...

De rook van de fabriek en het geknor van hongerige varkens...

Ook die Jezus zal, als hij bestaat, daar wel niet komen... Zich er niet heen willen slepen...

Iedereen zal opstaan, terwijl wij in een of ander grafcomité zullen zitten vergaderen...

Ze vergaderen maar een eind weg, zal hij zeggen, ik zal ze niet van belangrijke zaken afhouden.

Maar als hij nu eens wel komt en met een spotlachje vraagt: wat zitten jullie hier nu te vergaderen? Volgens welk criterium onderscheiden jullie de rechtvaardigen van de zondaren? Hoe zit het hier bij jullie met de wet van de negatie van de negatie, van de verandering van kwantiteit in kwaliteit, van de strijd en de eenheid van tegenstellingen?

Moeten we misschien afzien van al die wetten?

Is het misschien nog niet te laat?

Maar wat is er slecht, onrechtvaardig aan?

En als die wetten hem nu eens niet zinnen? Als hij nu eens vraagt: waarom hebben jullie geen afstand genomen van iets waar je zelf geen snars van snapte en dat ook nog eens aan anderen opgedrongen?

Maar ik heb dat aan helemaal niemand opgedrongen... Ik heb alleen in een twistgesprek met Pasjpadoerov over filoso-fische onderwerpen eens een beroep gedaan op deze wetten en dat gesprek in mijn voordeel beslecht...

En als hij nu eens vraagt: waarom moest je er pas op het laatst afstand van nemen?

En als hij nu eens niet bestaat?

En als hij nu eens wel bestaat?

Er zijn geen bewijzen dat hij wel bestaat, maar bewijzen dat hij niet bestaat ook niet...

Het plafond...

De vliegen...

Wat moet je?

Uit een telegrafische correspondentie

Door omstandigheden vertrek uitgesteld, kus, je Casanova.

Preciseer de uitvoeringstermijn. Casanova.

Alleen gesloten afdelingen. Casanova.

Kwartaalplan niet realistisch. Graag bijstelling. Casanova.

Trip Debaltsevo uitgesteld in verband met trip Narjan-Mar. Casanova.

Besluit zelf ter plekke. Casanova.

Geen dank! Casanova.

Dan alle drie. Casanova.

Verzoek kwestie betaling noordelijke toeslagen en coëfficiënt te bekijken. Casanova.

Geen zand in de ogen strooien. Casanova.

Een glijdende schaal. Casanova.

Geen contact met Oegrechelidze opnemen.

Per goederentrein sturen. Wagons met luchtverwarming uitrusten. Casanova.

Wijs aanspraken af. Tot regionale bijstand wenden. Casanova.

Vervangen door legerzalf. Casanova.

Trip Debaltsevo onbepaalde tijd uitgesteld. Casanova.

Mijn functie niet. Casanova.

Norm preciseren. Casanova.

Begrepen. Casanova.

Vetmesten jonge dieren staat hoofd op. Casanova.

Hoor voor het eerst Siminkov. Casanova.

Afval samenpersen. Casanova.

Zie zin Azerbeidzjanreis niet. Oegrechelidze inzetten. Casanova.

Begrepen. Zullen via districtscomité spelen. Casanova.

Oegrechelidze kritieke toestand ziekenhuis. Casanova.

Had gewaarschuwd! Casanova.

Betaling sejour garanderen. Casanova.

Groep uit Baltische staten afgehaald. Casanova.

Installatie begeeft het. Wacht op deskundigen met documentatie. Casanova.

Niet begrepen. Casanova.

Klacht vereniging (Kleine Bolsjewiek) afgewezen. Casanova.

Afrekening gestuurd. Casanova.

Wagons luchten. Casanova.

Gaat om welke bijschriften? Graag duidelijkheid. Casanova.

Voedselsituatie Kozelsk beantwoordt niet aan mijn status. Casanova.

Niveau uitstoot boven norm. Wagons luchten. Casanova.

Wat heeft foksovchoz ermee te maken? Immoreel. Casanova.

Siminkov geen concurrent voor mij. Casanova.

Doe niet mee aan vlootschouw. Casanova.

Sanitaire dienst geeft blijk van misdadige laksheid. Controle verscherpen. Casanova.

Uitgesloten. Casanova.

Vrijwillige zaterdag niet gelukt door gezondheidssituatie. Casanova.

Categorisch tegen aanstelling Oegrechelidze in vakantie-oord. Denk aan Azerbeidzjan. Casanova.

Wijs herhaald vertrek Ivanovo af. Ben geen oppasser. Casanova.

Niet gelukt bloedvergieten te voorkomen. Onderzoek naar Oegrechelidze vervolgd. Casanova.

Contingent Narjan-Mar beantwoordt niet aan GOST. Werk verliest elke zin. Nog onderzoek naar Oegrechelidze. Steun aanvaarding waarborg niet. Casanova.

Verzoek overmaken kwartaalpremie ziekenfonds. Casanova.

Partij goederen aan elkaar geplakt aangekomen. Wagons luchten! Casanova.

Aan de heer algemeen secretaris VN Pérez de Cuéllar. Verzoek dringend Veiligheidsraad bijeen te roepen voor behandeling kwestie van mijn missie onder vlag VN naar Midden-Oosten en Nicaragua. Casanova.

Goed. Casanova.

Ja. Casanova.

Nee, kan ik niet. Casanova.

Geen zand in ogen strooien! Casanova.

Bereid ontmoeting te hebben met vertegenwoordigers Kameroen en Sri Lanka.

Voor project herziening omkering rivieren u richten tot Siminkov. Casanova.

Genootschap Pamjat? Ken ik niet. Casanova.

Zei ik al. Casanova.

Nee. Casanova.

Maar wat heb ik daar mee te maken? Casanova.

Bereid deel te nemen aan voorbereiding vrouwenteam. Casanova.

Mordicus tegen aanstelling Oegrechelidze Troeskavets. Aan Azerbeidzjan en badplaatsen Krim denken. Casanova.

Partij contingent uit Nietzwarteaarde afgewezen. Volgens richtlijn VLKSM. In het vervolg niet meer sturen. Casanova.

Eindeloze commissies verstoren ritme. Plan dreigt te mislukken. Casanova.

Geen behoefte aan stimulantia. Casanova.

Voor kwesties bestuiving u tot Agroprom richten. Casanova. Luchtvervuiling en pesticiden verlagen drastisch kwaliteit werk. Casanova.

Als u zo aandringt. Casanova.

Gasmasker ontvangen. Casanova.

Wat moeten we met groenteopslag? Siminkov inzetten. Casanova.

Wagons luchten! Casanova.

Meneer de president. Deel volledig uw zorg. Bereid deel te nemen aan elke mogelijke maatregel die bijdraagt aan een daadwerkelijke oplossing van het probleem. Casanova.

Partij smeerolie bleek zand. Graag uitzoeken. Casanova.

Weiger ballotage. U tot Siminkov wenden. Casanova.

Ja, pesticiden. Casanova.

Verzoek mij gepland verlof te geven. Casanova.

Goed. Casanova.

Maar niet later dan oktober! Casanova.

Geen behoefte verhoging kwalificatie. Voorkeur voor ouderwetse aanpak. Casanova.

Nodig Siminkov en Oegrechelidze uit. Casanova.

Snap ik niet. Casanova.

Wagons luchten! Casanova.

KTOe? Graag duidelijkheid. Casanova.

Kan groep stagiaires uit Azerbeidzjan niet aannemen in verband met discrepantie middelen en doel. Casanova.

Bereid vertegenwoordigster zenboeddhisten uit Voronezj te ontvangen. Casanova.

Meting gestuurd. Casanova.

Honderdvijftig procent. Casanova.

Nee. Casanova.

Oververhitting. Casanova.

Gelieve kwartaalpremie over te maken fonds slachtoffers Siminkov en Oegrechelidze. Casanova.

OeVD. Gelieve aanhouding uit te zoeken twee dronken medewerkers tijdens mijn uitvoering dienstverplichtingen. Casanova.

Maar wat heeft punt vijf daarmee te maken? Casanova.

Goed. Casanova.

Ja. Casanova.

Maar die heb ik gestuurd! Casanova.

Gelieve reisbescheiden met korting pension Petoesjki in orde te maken. Casanova.

Maar ik op vakantie! Casanova.

Als u daar zo op staat. Casanova.

Ga niet in op voorstel pensionering. Siminkov een intrigant. Controleer zijn diploma's. Wagons luchten. Afval samenpersen. Kwestie van eigenwaarde. Casanova.

Zie ongeluk toch als arbeidsongeval, aangezien ik aan begroting werkte. VTEK zoekt het uit. Voeg medisch attest bij. Casanova.

Aanstelling functie Siminkov en Oegrechelidze doen al mijn inspanningen teniet. Gevolgen niet te voorspellen. Vooral jonge volkje uit Nietzwarteaarde de sigaar. Casanova.

Niet met perestrojka schermen. Casanova.

De *Pravda*. Kopie aan Federico Fellini. Als veteraan van de arbeid en strijder voor de zuivere idee acht ik het als plicht te verklaren dat Oegrechelidze verantwoordelijk is voor de menselijke slachtoffers in Azerbeidzjan, op de Krim, in Troeskavets, terwijl Oegrechelidze de Nietzwarteaarde in een penibele situatie heeft gebracht. Hun voordracht brengt onherstelbare schade toe aan het milieu van het continent. Voor perestrojka moet je schone handen hebben. Casanova.

Aan openbaar aanklager. Gelieve feit huiszoeking en verhoor uit te zoeken. Casanova.

Aan Federico Fellini. Kopie *Pravda*. Maître, met grote dankbaarheid aanvaard ik uw uitnodiging deel te nemen aan het werk van de film. Ik zie het aankomende werk als een appel aan de wereldgemeenschap. Casanova.

OeVD. Wat heeft mijn vadersnaam ermee te maken? Beter in stamboom Siminkov graven. Casanova.

Uit vliegtuig. Aan Siminkov. Wagons luchten, afval samenpersen, controle verscherpen, preciseren, instemmen, oppakken, verdiepen, hoger dragen, op zuurtjes van Moskouse fabriek Rot front sabbelen, *omnia mea mecum porto, in notul.* Casanova.

Onder schafttijd

Klokslag elf uur klinkt de sirene, de werktuigen gaan uit en luidruchtig wordt een smerig dominospel op de smerige tafel uitgestrooid.

Sommigen zitten te kauwen en te spelen, anderen zitten te kauwen en te kijken, alleen baptist Makovej zit nooit te spelen en nooit naar het spel te kijken.

Hij zit altijd in een hoekje uit het raam te staren.

Om zich wat te vertreden en wat te roken komen de baas, de partijman en de vakbondsman hun werkkamer uit en de werkvloer op.

Ze zijn altijd samen, altijd met z'n drieën: op het werk, op vergaderingen, op demonstraties, op bruiloften, op begrafenissen, bij het vissen enz.

'Het is een beetje gaan regenen', zegt de baas.

'Het is gaan regenen', zegt de partijman.

'Het is gaan regenen', zegt de vakbondsman.

'Als de oogst maar niet verloren gaat', zegt de chef.

'Als de oogst maar niet verloren gaat', zegt de partijman.

'Als ie maar niet verloren gaat', zegt de vakbondsman.

'Toen ik in India was', zegt de baas.

'Een beetje stil, jullie!' roept de partijman tegen de spelers.

'Stil!' roept de vakbondsman.

'Dat was pas heet!' zegt de baas.

'Het is heet in India!' zegt de partijman.

'Heet in India!' zegt de vakbondsman.

'Het leven kent daar schrille contrasten!' zegt de baas.

'Er zijn schrille contrasten in India!' zegt de partijman.

'In India heb je schrille contrasten!' zegt de vakbondsman.

'Maar ik moet er wel bij zeggen dat...'

En dan klinkt het geluid van gesnurk – de baptist Makovej is in zijn hoekje in slaap gevallen.

De baas trekt een vies gezicht, de partijbaas en de vakbondsbaas ook, en ze lopen de werkvloer af, terwijl de alcoholist Bobrov naar de snurkende Makovej sluipt en hem een flesje ammoniak onder zijn neus duwt. Makovej schrikt op, springt overeind, stoot zijn hoofd tegen de vensterbank, iedereen lacht, en op dat moment gaat de sirene – de schaft zit erop, tijd om aan het werk te gaan.

De parken en de restaurants komen nog wel

Zijn militaire dienst bracht Viktor Petoechov door in zompige bossen, met het hoeden van varkens.

'Het restaurant, de carrousel, het park en de schommel, ze komen nog wel!' zong Zybin van de OPD 's avonds vaak in de rookruimte, met zijn gitaar, en het liedje bezorgde Petoechov opwinding en dagdromen.

Hij kwam die zomer uit dienst. Zijn geboortestreek onthaalde hem op de hitte van de steppe en de walm van metaalfabrieken. Er waren thuis geen bijzondere nieuwtjes of veranderingen. Onder het middageten zette moeder haar plan voor de eerstkomende huishoudelijke karweitjes uiteen: de reparatie van het dak en het tuinhek, het halen van kolen, het werken in de moestuin. Terwijl ze zo sprak, keek hij mistroostig uit het raam, naar de snikhete moestuin, waar hij van kinds af aan een hekel aan had.

Na het eten ging hij gestrekt in de met kranten en dekens verduisterde kamer. Hij deed zijn ogen dicht en zag bossen en varkens.

's Avonds werd hij wakker. Moeder was iets aan het bakken op de primus onder het afdak. De zon ging onder achter de Slakkenberg.

'Niet weggaan, we krijgen zo visite', zei moeder. Oom en tante kwamen, en de Polisjoeks, een van de buren. Viktor voelde zich aan tafel geremd en gespannen. Van kinds af aan was hij bang van visite. Toen zijn vader nog leefde, hadden ze vaak visite en niet zelden draaiden het luidruchtige gelag, het zingen en dansen, op een handgemeen uit. Ook nu zette zijn snel aangeschoten oom het op een zingen en dansen, om vervolgens met een sombere blik te verklaren dat hij zo meteen iemand op zijn smoel ging slaan. Hij werd met moeite tot bedaren gebracht en naar bed gestuurd.

De Polisjoeks bleven. Ze sneden op over hun moestuin en hun dochter Vera: die meid van hen kon alles in het huishouden, en ze leerde ook goed, ze was het best van iedereen, en daarom maakte ze zich nu op om naar het gasinstituut te gaan, zat ze dag en nacht te blokken en kwam ze de deur niet uit.

'En jij, ga jij niet doorleren?' vroegen ze Viktor.

'Ik weet niet... ik ben inmiddels alles vergeten...'

'Dan kom je maar naar ons, Vera helpt je wel. Kom gerust, wees maar niet bang, we bijten niet!'

'Hij komt', zei moeder.

De Polisjoeks bedankten voor de maaltijd, wensten goede nacht en vertrokken.

Het was een zwoele nacht, de maan was er en het rook naar viooltjes en poepdozen.

'Geeft niks, de parken en de restaurants komen nog wel', dacht de ex-dienstplichtige bij het inslapen.

De volgende morgen ging hij naar het rekruteringsbureau, na het middageten deed hij een dutje, 's avonds wilde hij naar de stad, liep het hekje uit en keerde in huis terug.

Hij ging op bed liggen nadenken...

De volgende morgen stuurde moeder hem naar Stadsbrand: je moet niet wachten tot het koud wordt, je moet nu kolen in huis halen, neem maar cokes of antraciet en geef niet meer dan een tientje voor het thuisbezorgen.

Stadsbrand was achter de Slakkenberg, tussen het teloorgegane riviertje en het spoor. Het was er inmiddels een gekkenhuis. Viktor stond even opzij onder een stoffige boom en keerde naar huis terug.

'En?' vroeg moeder.

'Niet geleverd', zei hij.

Na het eten deed hij een dutje, 's avonds begoot hij met moeder de moestuin. De volgende morgen stuurde moeder hem weer naar Stadsbrand, het was er inmiddels een gekkenhuis. Viktor stond even opzij onder een stoffige boom en keerde naar huis terug.

'En?' vroeg moeder.

'Niet geleverd', zei hij.

Na het middageten gingen ze met het dak in de weer. Vanaf de zolder wees moeder met een stuk ijzerdraad de kieren aan. Viktor zette er stukken op. Hij had weinig aandacht voor zijn werk en wierp telkens een blik in de richting van de stad.

'Zeg, ga je nu nog naar de Polisjoeks?' vroeg moeder 's avonds.

'Ik weet niet', zei hij.

'Wat weet je niet? Je gaat! Ze leven er goed van, ze hebben een goed huis en ze hebben geld, Verka is enig kind, ze hangt niet op straat rond – wat wil je nog meer?'

Viktor trok zijn nieuwe pak aan, door zijn moeder in de koopjeshal gekocht, en begaf zich naar de buren, hij haalde hun hekje echter niet, maar sloeg af naar de bushalte en reed naar de stad.

Hij stond de hele avond in het park, bij het reuzenrad, en het scheen hem toe dat de hele wereld draaide: de bloemen, de bomen, de maan en de meisjes.

'Geweest?' vroeg moeder.

'Ja', zei hij.

'Hoe werd je ontvangen?'

'Goed...'

Het reuzenrad draaide de hele nacht door...

Moeder maakte hem eerder wakker dan de dag daarvoor en hij ging naar Stadsbrand.

Het beeld was niet veranderd: een menigte mensen voor het kantoor, kabaal, dreigementen, hysterie, rijen auto's, geknars van een schraapwagen, vroege hitte, kolenstof, geuren van stookolie en creosoot...

Trouwens, de ex-dienstplichtige, die eerst in de rij had gestaan maar die toen verlaten had, zag op een steen onder de stoffige boom gezeten een heel ander beeld: een park bij avond, een reuzenrad, meisjes, sterren en bloemen...

'En?' vroeg moeder.

'Niet geleverd', zei hij.

'En waarom was je gisteren niet bij de Polisjoeks? Waar heb je gezeten?'

Hij gaf geen antwoord, ging in de donkere kamer liggen en deed zijn ogen dicht om opnieuw het reuzenrad te zien, maar moeder verstoorde ruw zijn plannen en joeg hem het dak op. De zon brandde, moeder wees vanaf de zolder met een stuk ijzerdraad de kieren aan, Viktor zette er stukken op. Hij had weinig aandacht voor zijn werk, moeder werd kwaad, terwijl hij telkens een blik wierp naar waar de stad trilde in de zinderende hitte...

Die avond ging hij naar het park, waar hij tot sluitingstijd bij het reuzenrad bleef staan, en opnieuw draaide alles rond op de geurige golven van de lenteavond: het reuzenrad, de meisjes, de bloemen en de maan – de hele wereld...

Bij aankomst in het dorp zag hij toen hij de bus uit stapte het dorpstuig bij het hek van het kleine station staan. Ze riepen hem. Hij liep naar hen toe.

'Afgezwaaid?'

'Ja.'

'Wanneer trakteer je?'

Hij zweeg.

'Ben je doof geworden? Moeten we je oren uitspuiten?'

'Morgen.'

'Pas op, hoor.'

Hij kwam thuis en moeder stortte zich op hem: 'Waar ben je geweest? Waarom was je niet bij de Polisjoeks? Waar hang je uit? Ben je bij een bende gegaan?'

In zijn hoek gelegen dacht hij na over het dorpstuig: wat moest hij doen? Waar haalde hij het geld vandaan om te trakteren? Ze zouden het er immers niet zomaar bij laten zitten... Van het kolengeld? En die kolen dan?

Drie dagen lang kwam hij de deur niet uit, stond hij bij het hekje weemoedig naar de lichtjes van de stad te kijken.

De vierde dag glipte hij via de Reservoirstraat naar de Polisjoeks.

Olga Timofejevna en Pjotr Ivanovitsj zaten op het erf aan de avondmaaltijd. Ze ontvingen Viktor hartelijk, lieten hem aan tafel plaatsnemen en riepen Vera. Niettemin voelde Viktor zich aan tafel geremd, gespannen, gaf hij eenlettergrepige antwoorden op vragen. Na het eten verhuisden ze naar de veranda, waar Vera zich klaar zat te stomen voor het gasinstituut, en daar spraken ze af dat Viktor daar vanaf dat moment, zonder enige gêne, 's avonds met hetzelfde doel naartoe kon komen – Vera zou hem helpen.

Nu ging hij 's avonds naar de veranda van de buren. Vera las hardop haar schoolboeken voor en legde de stof op gezette tijden uit, Viktor luisterde gespannen toe, knikte instemmend en begreep er niets van. Eigenlijk voelde hij zich ellendig. Natuurlijk, de nabijheid van het meisje moest hem wel opwinden, maar toen hij thuiskwam en zich te slapen legde, dacht hij niet aan haar, maar aan het reuzenrad, waar op de golven van de lentenacht tientallen, honderden, duizenden onbekende, raadselachtige meisjes ronddraaiden, en met hen de hele wereld: de maan, de sterren en de bomen... Misschien, dacht hij, dat Vera anders was dan haar ouders met hun gepoch, hun gehuichel, hun botte opdringerigheid, dat het best een leuk meisje was, maar wat betekende dat nu? Niets, zo bleek...

Nee, dat eenvoudige dorpsmeisje kon niet tippen aan de dagdromen over parken en restaurants die de ex-dienstplichtige varkenshoeder bleef koesteren. Wat hem vooral dwarszat, was het feit dat als Vera naar de poepdoos naast de veranda ging, hij alles hoorde wat ze daar deed... En toch bleef hij naar de buren gaan... Waarom? Wie zal het zeggen... Misschien wel volgens het bekende patroon dat een mens toch ergens heen moet, of misschien stelde hij zich inderdaad wel ten doel zich toch maar voor te bereiden om naar het gasinstituut te gaan; en misschien voelde hij instinctief wel aan dat juist Vera hem zou helpen om zich op de een of andere manier aan dit leven vast te klampen en zijn geslacht voort te zetten, of misschien was hij wel in de ban van de voor een ex-dienstplichtige gebruikelijke opgave om koste wat kost zijn doel te halen met een wending van honderdtachtig graden...

En zo glipte Viktor, na zich ervan vergewist te hebben dat de Reservoirstraat verlaten en veilig was, naar de veranda van de Polisjoeks, waar Vera, met haar benen opgetrokken op de bank, hardop de paragrafen voorlas en onderweg uitleg gaf, terwijl Viktor aan tafel zat, gespannen toeluisterde, instemmend knikte en er vrijwel geen snars van begreep...

Elk halfuur, met de nauwkeurigheid van een chronometer, kwam Olga Timofejevna op de veranda: om kersen te brengen, een kan met sap, om het stof van de vensterbank te vegen, gewoon zomaar, als bij vergissing: 'Ik geloof dat ik kinds word – ik was op weg naar de moestuin en loop zo de veranda op...'

Na een paar weken gebeurde het, op de grond, op de veranda, en Olga Timofejevna betrapte hen op heterdaad...

De voorbereiding voor de bruiloft begon.

Viktor nam een baan als ijzerwerker in een fabriek voor gebruiksgoederen, hij deed zijn werk lusteloos en was een blok aan het been voor de ploeg stukwerkers...

Hij bereidde zich niet langer voor op het gasinstituut...

Aan de vooravond van de bruiloft ging hij naar de stad om trouwkleren te kopen, naar de kapper te gaan en naar het badhuis. Toen hij alles gedaan had en door de stad slenterde, besloot hij naar het park te gaan om afscheid te nemen van het reuzenrad.

Het rad draaide al, en daarmee de hele wereld: de meisjes, de bomen en de bloemen...

Viktor ging staan kijken, afscheid staan nemen...

Opeens liet een van de meisjes in het reuzenrad haar portemonneetje vallen, Viktor stormde eropaf, raapte het op, maar het meisje was inmiddels hoog in de lucht. Bij haar terugkeer reikte hij haar het verloren voorwerp aan. Ze bedankte hem. Het was een erg sprekend ding, net een bloem, een van die meisjes voor wie je alles zou willen geven, zelfs je leven... Nooit van zijn leven had Viktor zo dicht bij zo'n bloem gestaan... Hij viel bijna flauw, stond te trillen op zijn benen...

'Wat hebt u? Voelt u zich niet goed?' vroeg het meisje.

'Nee, integendeel! U... ik... zou u niet... zou u nu met mij mee naar een restaurant willen gaan? Ik vraag het u met klem! Een uurtje, een halfuurtje! Ik heb absoluut geen kwaad in de zin! Ik zal het u allemaal uitleggen! Alles hangt van uw besluit af, mijn hele leven.'

Voor het eerst van zijn leven stond hij naast zo'n meisje en voor het eerst van zijn leven bezigde hij zo'n lange zin...

Met angst en beven keek hij het meisje aan.

Ze vond het zowaar goed. Ze liepen naar het dichtstbijzijnde restaurant. Viktor viel nog steeds bijna flauw, hij rilde, was bang om te vallen. Golven rezen als een muur op, kwamen van links en van rechts aan, van onder en boven...

Komt alles dan uit? dacht Viktor, en toen kwam er een boom van een kerel aan hun tafeltje zitten en begon het meisje uit te maken voor al wat mooi en lelijk was. Viktor keek verstijfd toe en zweeg. Het meisje schoot overeind en holde weg. Viktor liep het restaurant uit. Hoog in de lucht schenen de letters: 'Bel bij gaslekkage 04'...

Hij nam de bus. Bij het hek stond het dorpstuig. Hij liep naar hen toe, viel op zijn knieën neer en zei: 'Dood mij!'

De geschiedenis van majoor Siminkov

> ... Er is een gemeenschappelijk idee dat die hele verzame-
> ling ruwe bonken van tijd tot tijd de schoonheid van ware
> grootheid verleent: het idee van ZELFVERLOOCHENING.
> Alfred de Vigny, *Horigheid en grootheid van de soldaat*

De geschiedenis van gardeofficier Nikolaj Ivanovitsj Siminkov, die ik nu van plan ben te vertellen, vond in haar tijd nauwelijks weerklank in kringen van het hoogste kader van de raketstrijdkrachten, maar nu, jaren later, komt zij me voor als zeer leerzaam en treurig.

Midden jaren zestig kreeg ons raketbataljon, waarin ik als kapitein het bevel had over een compagnie die mijnen legde en versperringen oprichtte, versterking in de persoon van de jonge, deftige officier Nikolaj Ivanovitsj Siminkov. Het perfect gesneden pak, de echt lederen koffer, de zilveren sigarettenhouder met monogram en met het embleem van de raketstrijdkrachten, de Hertogin Florsigaretten, het verfijnde aroma van dure eau de cologne, de manier van lopen, van spreken, alles verraadde de man van de wereld, egocentrisch en excentriek.

Ik ben zo vrij in een paar woorden de situatie van ons bataljon en zijn stijl van leven te schilderen.

We lagen in zompige bossen, waarvan de buitenrand was omgeven door de tantaluslijnen van een alarmsysteem, het stalen spinnenweb van valstrikken en een elektronisch bewakingsnetwerk, terwijl we met onze gezinnen waren ingekwartierd in het dorp Glybotsj, veertig kilometer van het bataljon.

De commandant van het bataljon destijds was Fjodor Stepanovitsj Soeproen, een beroepsmilitair die de moeizame weg van onderofficier tot kolonel had afgelegd, een keiharde man die wel eens kon overdrijven, zoals dat heet. Hij zag er geen been in het bataljon zonder noodzaak urenlang in regen en sneeuw te laten staan, het bevel te geven de lessen politiek met gasmakers op bij te wonen of een officier in het bijzijn van soldaten te vernederen... De hiaten in zijn technische bagage – en de techniek was bij ons behoorlijk ingewikkeld – compenseerde hij met een fanatieke ijver in kwesties van orde en discipline. Als man met een gezin kon hij weken-, maandenlang geen stap buiten het bataljonsterrein zetten en elk wissewasje tot op de bodem uitzoeken. Zijn soldaten mochten hem trouwens wel, geloof ik, terwijl hij, in het besef hoe hijzelf was begonnen waarschijnlijk, hen op zijn manier ook wel kon lijden. Maar officieren, vooral jonge, goed opgeleide die op enigerlei wijze blijk probeerden te geven van een onafhankelijke mening, kon hij niet uitstaan en noemde hij minachtend 'ballerina'.

De relatieve sleur van ons bestaan en het karakter van Soeproen in aanmerking genomen kwamen we dus vol nieuwsgierige verwachting op het stafkwartier opdraven voor de plechtige voorstelling van de nieuweling wiens uiterlijke verschijning en manier van doen zonder enige twijfel onder het hoofdstuk 'ballerina' vielen. De details herinner ik mij tot mijn spijt niet meer, ik kan alleen zeggen: de eerste beproeving doorstond de jeugdige Siminkov met glans. Hij vertrok geen spier van zijn knappe gezicht als antwoord op de hoon en spot van de commandant. *Een dandy, maar wel sterk*, dachten wij, *hoe gaat dat verder?*

Verder volgden er, zoals te verwachten, nieuwe beproevingen. De jeugdige en onervaren officier werd aangesteld als commandant van de in alle opzichten onzalige reparatieafdeling van de vijfde startcompagnie. De gedachtegang van kolonel Soeproen was eenvoudig en begrijpelijk: *we zullen wel eens zien, ballerina, wat een rare sprongen jij kan maken!*

En nu ging er waarschijnlijk geen dag voorbij of Soeproen nam een kijkje bij de vijfde compagnie en deed kinderachtig tegen Siminkov over deze of gene tekortkoming, en die waren er plenty. De vijfde compagnie stond toen onder bevel van kapitein Viktor Petrovitsj Naoemtsjik, die zich overgaf aan het buitensporig plengen van gehydroliseerde spiritus en om die reden geenszins in staat was het maar enigszins voor Siminkov op te nemen.

Met zijn onverstoorbaarheid gooide Siminkov echter alleen maar olie op het vuur, en toen we een keer samen aan de eettafel waren achtergebleven adviseerde ik hem die ouwe niet kwaad te maken en een beetje te paaien.

'*Vous comprenez, mon cher*', antwoordde Nikolaj Ivanovitsj terwijl hij met zijn sigaret op het deksel van zijn prachtige sigarettenhouder tikte. 'Het dienstreglement is mijn houvast, en daardoor ben ik niet van zins mij Soeproens grofheden te laten welgevallen, maar om met hem te gaan bekvechten, geloof me, dat vind ik stomvervelend... De Soeproens verdwijnen van het toneel en wij blijven. Ik zie het als mijn plicht het Vaderland te dienen, en de rest, is eerlijk gezegd geen klap waard, *n'est-ce pas, mon cher?*'

Voor alle duidelijkheid moet ik even zeggen dat Siminkov van een van de meest prestigieuze gesloten militaire instellingen kwam waarvan de studenten een schitterende opleiding hebben gekregen en de mooiste toekomstperspectieven hebben, en toen we dit hoorden waren wij niet weinig verbaasd dat een dergelijke officier een aanstelling in onze uithoek had gekregen. Er deden dienaangaande verschillende geruchten en gissingen in ons bataljon de ronde, maar de meest hardnekkig uitgedragen versie luidde dat hij hierheen was gestuurd vanwege... vrijmetselarij. Nikolaj Ivanovitsj zelf legde niemand zijn geheimen bloot, hij leefde teruggetrokken en leek van niets anders te willen weten dan de dienst.

Na een tijdje slaagde hij erin zijn afdeling uit het slop te halen, op oefening werd hij opgemerkt door de Zwarte Kater zelf: bataljonscommandant luitenant-generaal Bondarenko, en zijn verdere stijging op de militaire ladder verliep op instigatie van hogerhand en tegen de wensen en verlangens van Soeproen in.

Na een half jaar werd hij aangesteld als plaatsvervangend commandant van de afdeling techniek van de vijfde compagnie, en weer een jaar later was hij kapitein en commandant van diezelfde compagnie, in plaats van de volkomen aan de drank geraakte en naar het huishoudelijk peloton overgeplaatste mislukkeling Naoemtsjik, en dat alles, zoals ik al memoreerde, over het hoofd van Soeproen heen.

Soeproen was woedend, maar dan van onmacht, want hij kon moeilijk tegen de wil van de Zwarte Kater ingaan... En toen ging hij van een rechtstreekse confrontatie over op zijdelingse aanvallen, waar hij ook een meester in was. Siminkov bewaarde echter zijn koelbloedigheid, hield zich nadrukkelijk aan de letter van het reglement en oogstte daarbij ook bewondering voor het feit dat hij nooit en te nimmer zijn bijzondere plaats in het schijnsel van de generaalsster onderstreepte.

De erfenis die Naoemtsjik hem naliet was bepaald geen zacht eitje, de vijfde compagnie onderscheidde zich zowel door onbeschofte mannelijkheid als sybaritisme, en desalniettemin wist Nikolaj Ivanovitsj haar in zeer korte tijd niet alleen tot de orde te roepen maar tot een modeleenheid te maken. De wisseltrofee van de rode wimpel hing tijden lang in zijn Leninkamer, terwijl die kamer zelf onder zijn bewind een volkomen gedaanteverwisseling onderging en kon dienen als toonbeeld van militair topdesign, politieke volwassenheid en bijna huiselijke gezelligheid. Maar ook de kazerne met zijn foeragepunten, hulpposten en bijterreinen, alles straalde orde en zindelijkheid uit. En de lessen politiek die Nikolaj Ivanovitsj gaf! Altijd in zijn eigen woorden, zonder de gebruikelijke spiekbriefjes, geforceerdheid en krompraterij van ons, we mochten hem graag zien en graag horen – wat we ook deden als we vroegen of we alsjeblieft bij hem op visite mochten komen...

Tegen zijn soldaten was hij onveranderlijk vriendelijk, ook al moesten zij achter die vriendelijkheid, denk ik, wel een zekere mate van koelheid, eigen aan zijn natuur, voelen, waardoor ze eerder een beetje bang voor hem waren dan dat ze van hem hielden. Ik sluit helemaal niet uit dat dit type commandant iets had wat hen kon irriteren en soms zelfs hun haat kon oproepen, zoals de woorden 'beste jongen' waarmee hij hen steevast aansprak en waarop meestal een berisping of straf volgde. Tussen twee haakjes, die woorden brachten Soeproen persoonlijk buiten zichzelf van woede en dienden vaak als reden om allerlei onderzoeken in te stellen en zelfs beroepsprocedures aan te spannen bij de hoogste leiding, die overigens zonder ernstige gevolgen voor Siminkov bleven...

Voor de rest moet ik zeggen dat onze held vrijgezel was, onze dames legden belangstelling voor hem aan de dag, hij beantwoordde die met minzame clichés, zonder betrekkingen met hen aan te gaan die wij officieren onder elkaar 'kleren drogen' noemden. Ik weet nog hoe de vrouw van adjunct politiek instructeur Tkatsjevski bij het jubileum van het regiment, tijdens een voorstelling waaraan onze dames deelnamen, een knipoogje gaf aan de majoor en adjunct politiek instructeur...

Ik heb, geloof ik, al gememoreerd dat Nikolaj Ivanovitsj een beetje teruggetrokken leefde, niet meedeed aan onze gebruikelijke drinkgelagen, en sterke verhalen en schuine moppen uit de weg ging. 's Morgens konden wij wel eens geradbraakt, versomberd en geprikkeld zijn, zeker omdat we veertig kilometer gehobbel over de kapotgereden, god weet wanneer door gevangenen in onze bossen aangelegde weg voor de boeg hadden, maar hij liep altijd stipt dezelfde tijd opgewekt naar de bus, sprong kwiek naar binnen, zag met een glimlach ons somber gestemde gezelschap aan en vroeg onveranderlijk: '*Qu'est-ce que c'est,* vrienden?'

Op een keer, toen ik dienst had en hem stevig geraakt had met de commandant van de legerplaats, nam ik in ons officierslogement per ongeluk de verkeerde deur en stond in de kamer van Siminkov, die die week ook dienst had. Er was niemand in de kamer en omdat ik hem voor de mijne hield, wilde ik net in bed kruipen en lekker onder zeil gaan toen ik toevallig een blik op de verlichte tafel wierp en meteen begreep dat ik in andermans kamer was. Op tafel lag de sigarettenhouder met het monogram SNIR, wat stond voor Siminkov Nikolaj Ivanovitsj raketsoldaat, een asbak van gips in de vorm van een schedel, vervaardigd door de handige jongen van ons bataljon, kortverbander Prokatov, en een dik boek, op het omslag waarvan ik dichter bij de tafel gekomen 'Buonaparte' las. *Zit dat zo!* dacht ik, meteen nuchter en mij terugtrekkend uit andermans kamer...

Ook als batterijcommandant zat Nikolaj Ivanovitsj niet stil, tijdens de oefeningen legde zijn compagnie een ongewone daadkracht en slagvaardigheid aan de dag, en toen de virtuele tegenstander een virtuele kernkop op zijn virtuele dak had gekregen, gaf de Zwarte Kater Siminkov een vriendelijk klopje op de schouder, waarop dan ook binnen de kortste keren een majoorsster straalde en meteen daarna volgde zijn benoeming tot stafcommandant van ons bataljon als opvolger van Viktor Mitrofanovitsj Korzjoen, die met pensioen ging.

We waren niet meer verbaasd over de bliksemcarrière van de jeugdige officier en schetsten in onze fantasieën nog wel hoger sferen van zijn klimtocht, en degenen van ons die het verst vooruitkeken zochten al lang vriendschap met hem, deden alles om in het gevlij te komen, en alleen Soeproen was meer dan somber, omdat hij niet zonder reden veronderstelde dat de volgende bevordering van Siminkov zijn, Soeproens, commandantsplaats was.

Logisch dat hij nu gedwongen was zich zelfs van zijdelingse aanvallen jegens Nikolaj Ivanovitsj te onthouden en alleen zijn heimelijke vijandige en minachtende blikken gaven blijk van zijn gevoelens voor de jeugdige carrièremaker en schenen te zeggen: we zullen nog wel eens zien...

Siminkov deed tegen hem heel gewoon, heel natuurlijk, noemde hem bij zijn naam en vadersnaam, scheen helemaal niet haatdragend ook al liet zich achter alle eenvoud een zekere neerbuigendheid jegens de oude man raden – Soeproen voelde het en werd met de dag somberder...

Ook in zijn nieuwe functie liet Nikolaj Ivanovitsj zich van zijn beste kant zien en we keken net ongeduldig uit naar zijn volgende promotie toen plotseling zijn val kwam...

Terwijl ik dit woord opschrijf en er een zekere algemene betekenis aan geef, bedoel ik in eerste instantie echter Siminkovs daadwerkelijke val op het exercitieterrein tijdens een triomfmars en in aanwezigheid van de hoogste legerleiding met aan het hoofd de Zwarte Kater, luitenant-generaal Bondarenko, in hoogsteigen persoon...

De zaak was als volgt. Na drie dagen oefeningen en een voorlopige balans met een zeer positieve beoordeling voor ons, had het bataljon zich op het exercitieterrein opgesteld voor een wisseling van de gevechtsdienst. Het weer was om te huilen, uit de laaghangende wolken die over het herfstbos kropen viel nu eens regen, dan natte sneeuw, dan korrelsneeuw, na drie dagen waren we doodop en snakten naar een warm plekje en een smakelijk officiersmaal waarbij luitenant-generaal Bondarenko ons, rekening houdend met onze grote inzet, officieus toestemming kon geven de teugels te laten vieren en een enkel glaasje te nemen om weer warm te worden. We hadden buitenverbander Broej van het huishoudelijk peloton al op de stoep van de kantine voorbij zien flitsen met zijn geheime jerrycan en dat had ons nog meer moed gegeven en onze hoop nog verder aangewakkerd. Ondertussen ging de ceremonie van de aflossing van de gevechtsdienst haar gewone gangetje: er klonken bevelen, er werd rapport afgenomen, onder de klanken van het volkslied ging langzaam de vlag in top, waarna het bataljon rechtsom draaide en onder een pittige mars batterij voor batterij, met een linie tussenafstand, links in het gelid langs de tribune liep waar de Zwarte Kater met zijn forse, hoge bontmuts en zijn verzengende blik boven zijn gevolg uittorende en Soeproen ietwat links van hem somber voorovergebogen stond...

Het was Nikolaj Ivanovitsj Siminkov die aan het hoofd ging van het bataljon en ik moet even zeggen dat hij qua postuur, houding en pas zijn gelijke niet had, in ons bataljon en regiment niet, maar ik denk in heel de divisie niet. In zijn paradepas ging de allerhoogste militaire precisie wonderwel samen met aristocratische flair en gratie, het was een pas van topklasse, deze pas zou een parade van de allerhoogste rang kunnen sieren, en het was triest te zien en te beseffen dat deze pas in onze uithoek teloorging, zoals het droevig en treurig kan zijn om in de natte blubber van een kolchozakker tussen de afgepeigerde boerenvrouwen met hun smerige laarzen en hemden een jonge, dorpse schone te zien...

Maar terug naar ons onderwerp... Dus, terwijl hij zijn uitmuntende voetstappen neerdrukte, nam Nikolaj Ivanovitsj het bataljon achter zich aan toen hij opeens, pal voor de tribune, nadat hij de positie links in het gelid al had ingenomen, plotseling begon te zwabberen, met zijn armen door de lucht maaide en op zijn achterwerk neerkwam... Of hij was uitgegleden, of hij plotseling kramp had gekregen, of het de vermoeidheid was van drie dagen oefenen, of hij ergens per ongeluk de damp van raketbrandstof had ingeademd, god mag het weten... er ging een diepe zucht door onze rijen, luitenant-generaal Bondarenko wendde zich af, terwijl over het sombere gezicht van kolonel Soeproen een grijns van leedvermaak gleed...

Die val was trouwens een kwestie van enkele seconden, Nikolaj Ivanovitsj schoot meteen weer overeind, deed zijn uniform goed en ging voort zijn voetstappen neer te drukken, maar we merkten naderhand wel dat er op dat moment iets in hem geknakt was...

Die onheilsdag was hij zo van streek dat hij zelfs niet kwam opdagen voor de maaltijd met Oekraïense bietensoep, heerlijke gehaktballen met aardappelpuree en een clandestiene portie sterke drank, na afloop bekroond met kersenlikeur uit de persoonlijke voorraad van buitenverbander Broej...

De avond van diezelfde dag, thuis in Glybotsj inmiddels, ging de bel en toen ik opendeed zag ik tot mijn verbazing dat hij het was die op de stoep stond. Nikolaj Ivanovitsj bood een uiterst verwarde aanblik en in zijn hand hield hij een literfles Stolichnaja. Ik raakte in verlegenheid, nodigde hem bij ons binnen, verzocht hem net te doen of hij thuis was en verontschuldigde mij voor mijn uitmonstering, aangezien mijn vrouw en ik net in onze onderkleren voor de televisie waren neergestreken voor het journaal. De tafel ging meteen uit, er ging een feestelijk kleedje overheen, er kwamen lekkere hapjes, mijn lieve Nina begreep het ongewone karakter van het bezoek en was bijzonder vriendelijk en voorkomend. Na een poosje, tot mezelf gekomen en verzoend met de rol van executeur-testamentair die Siminkov voor mij had bestemd, begon ik hem naar beste vermogen te kalmeren en te troosten en bracht hem de woorden in herinnering die hijzelf in de kantine eens tegen me had gebruikt: dat het erom ging het Vaderland te dienen en dat de rest geen klap waard was, dus waarom zou je gaan zitten kniezen om zo'n lelijk ongelukje dat iedereen al glad vergeten was! En als voorbeeld vertelde ik hem hoe kapitein Pridybajlo eens, voor zijn komst naar ons bataljon, bij een ochtendlijke inspectieronde na een nachtelijke dienst aan Bacchus, de controleur niet eens zijn naam had kunnen melden. 'Niks aan de hand, hij zit nog steeds in dienst!' zei ik. 'Nog even en hij is majoor!'

Ik nam mijn gitaar ter hand, Nina schudde haar weelderige, krullende lokken over haar schouders en zong een romance voor ons, ik vergat ook niet onze glaasjes vol te schenken en haalde een paar sterke verhalen op, kortom, ik deed wat ik kon, en geleidelijk aan fleurde onze Nikolaj Ivanovitsj op, werd vrolijk, lachte hartelijk, noemde die Nina van mij Ljoedmila Zykina en wilde zelfs met haar dansen... Diep in de nacht bracht ik hem thuis, arm in arm en luid zingend, iets van Vysotski als ik het wel heb...

De gebeurtenis waar ik het nu over wil hebben bracht een drastische ommekeer in Siminkovs lot, en zelfs wij, de officieren van het bataljon, die niet rechtstreeks met de zaak te maken hadden, waren geschokt en volkomen uit het veld geslagen.

Wat er gebeurde was namelijk het volgende. Vlak voor de verjaardag van de oktoberrevolutie werd Nikolaj Ivanovitsj naar de staf van het regiment geroepen om bijzonder belangrijke papieren in ontvangst te nemen. 's Morgens reed hij onder de noodzakelijke bewaking naar het regiment, tegen de avond keerde hij heelhuids bij het bataljon terug, stopte het pak met papieren in de safe en verzegelde die. Het valt nu moeilijk uit te maken hoe het kon gebeuren dat hij de volgende morgen bij het nalopen van de lijst papieren ontdekte dat er eentje ontbrak. Volgens de instructie hoorde hij het gebeurde onmiddellijk bij het regiment te melden, maar dat deed hij niet omdat hij maar al te goed begreep dat dat telefoontje alleen genoeg was om zijn lot te bezegelen. In die tijd zagen ze bij ons in de raketstrijdkrachten van alles door de vingers, tal van zonden werden met de mantel der liefde bedekt, en maar één ding werd zonder mankeren genadeloos afgestraft: schending van de geheimhoudingsvoorschriften. Dan werden er geen zoete broodjes gebakken en kreeg je de volle laag. Een dergelijke smet was zo goed als onuitwisbaar en stond gelijk aan het verlies van je eer als officier. Ik geloof dat je beter betrapt kon worden op dronkenschap of zelfs diefstal. Ik zal niet zeggen dat het je in dank werd afgenomen, maar toch, na verloop van tijd was het vergeten, uit het geheugen gewist, terwijl schending van de geheimhoudingsvoorschriften een officier in de ogen van de legerleiding en zelfs in die van zijn vrienden en collega's tot een paria maakte. Zo iemand kon je met goed fatsoen niet eens een hand geven.

Siminkovs hulpeloosheid en radeloosheid waren dus goed te begrijpen. Waarschijnlijk had hij zich doodgeschoten als hij daarmee niet het gevaar had gelopen zijn naam nog verder te bezoedelen, en zelfs zijn nagedachtenis, want in dat geval was hij vast en zeker niet alleen verdacht van lafheid maar mogelijk ook van contacten met een buitenlandse inlichtingendienst.

Zijn eer verdedigen, het zoekgeraakte papier vinden was nu de enige zin van Siminkovs bestaan. Hij raakte zo de macht over zichzelf kwijt dat hij in eerste instantie de stafklerk Romasjko, die naar hij dacht iets met het pakket te maken had gehad, een bloedig pak slaag gaf. Vervolgens bracht hij het hele bataljon in rep en roer, en de hele dag snuffelden we in groepjes van vier, zonder onze rug te rechten, alle hoeken en gaten af, wroetten in rotte bladeren, as, vuilnis en etens-resten, en letten op elke papiertje. En ook al was het zonne-klaar dat we het zoekgeraakte papier nooit zouden vinden, Siminkov volhardde in zijn waan. Daarmee riep hij het ge-kanker van de soldaten over zich af, en bracht zelfs ons, de mensen die hem een goed hart toedroegen, in verlegenheid. Tegen de avond richtten zijn inspanningen zich op de poep-doos en liet hij een generator, een schijnwerper en een pomp-installatie aanrukken. We openden de bunker, lieten er de slangen inzakken en begonnen de inhoud weg te pompen en te zeven. Siminkov controleerde persoonlijk de derrie op het filter, viste elk papiertje eruit en hield het in het licht van de schijnwerper.

Rond middernacht, toen we allemaal letterlijk omvielen van vermoeidheid, liet hij een 8-U 208 koppenlader bij de bunker brengen, hulde zich in een zilveren beschermingspak voor raketoefeningen, zette een gasmasker op en liet zich met de hefarm van de koppenlader naar de bodem van de bunker zakken om zich er persoonlijk van te vergewissen dat alles weggepompt was en het vermaledijde papier er niet was.

Boven scheen de maan over het herfstbos, beneden dren-telde de ongelukkige Siminkov in het oogverblindende licht van de schijnwerpers tussen de betonnen wanden waarlangs een groene prut sijpelde. Hij deed zijn best ons vanuit de bunker nog bepaalde commando's te geven maar er drong slechts geklaag, gekreun en gejammer tot ons door. Opeens bleef hij staan, rukte het gasmasker af en keek in het nauw gedreven rond en naar boven. Ik weet nog wel dat ik op dat moment opeens bedacht dat die bunker in geval van een atoomramp een goede schuilplaats kon zijn, maar toen ik naar Siminkov keek liet ik die gedachte meteen vol afschuw varen. We haastten ons Nikolaj Ivanovitsj uit de bunker naar boven te halen, spoten hem in de stralen van de schijnwerpers met brandslangen schoon en droegen hem, volkomen groggy inmiddels, naar het officierslogement.

Hij had een koortsaanval. Een dag of tien lag hij daarna in de ziekenboeg van het bataljon, onder toeziend oog van onze brave esculaap Stjopa Pynzar, een fervent vrouwenjager en moppentapper. Ook hier, in de ziekenboeg, had hij, god mag weten met welk recht of onrecht, een functie voor zijn passie weten te versieren en wel die van sanitair instructrice. Zo liep ze in een strak gespannen, schutkleurig rokje tussen ons in en bestemde ons beurtelings tot haar cicerone. Beiden, Stjopa, eerste luitenant Pynzar dus, en mooie Ljoebasja, verzorgden onze Siminkov.

Onderwijl was hij er belabberd aan toe, hij was neerslachtig en zei steeds dat hij beter had moeten zoeken in de bunker.

Diezelfde tijd kreeg ik een aanstelling in het N-onderdeel en vertrok, zonder het eind van dit treurige voorval af te wachten. En vandaar ging ik, inmiddels met de rang van majoor, met pensioen en vertrok voorgoed naar het kustplaatsje N-k. Lange jaren hoorde ik niets over Siminkov en ik begon hem zelfs te vergeten in de zorgen van alledag en de gezinsperikelen van mijn nieuwe burgerbestaan.

Maar verleden zomer, toen ik in de hoofdstad was en door de GOeM slenterde in de hoop een paar eenvoudige panty's voor mijn vrouw te kopen, liep ik opeens tegen Ljoebin aan, de voormalige biljarter, dichter en vrijdenker van ons bataljon. Hij herkende mij het eerst, we omhelsden elkaar en pinkten een traan weg.

'Zeg, herinner jij je Siminkov nog?' vroeg hij opeens en hij vertelde het eind van die geschiedenis.

Na het verlies van het document bleef Siminkov niet alleen op vrije voeten, hij werd zelfs niet eens gedegradeerd en kreeg alleen een functieverlaging. Als resultaat van een dagenlang onderzoek door specialisten van de legerstaf werd vastgesteld dat er alleen maar een gebruiksaanwijzing voor de aardappelschilmachine voor de soldatenkantine zoek was en toch was het hem absoluut onmogelijk nadien bij de staf van het regiment te blijven en keerde hij als batterijcommandant terug naar zijn vijfde compagnie, maar volgens Ljoebins zeggen was het bij lange na niet meer de oude Siminkov: zijn bevelen klonken mat en hij dronk zelfs een glaasje en werd grof in de mond, en de enige bittere herinnering aan zijn glanzende verleden was de vermaarde sigarettenhouder met embleem en monogram.

Bij de eerste de beste gelegenheid ging hij met pensioen, het provinciebestuur bood hem de leiding aan van een nieuwe varkensmesterij in Glybotsj, maar ook dit aanbod wees hij gedecideerd van de hand en hij vertrok voorgoed.

'Wil je hem soms zien?' vroeg Ljoebin.

Ik keek hem verwonderd aan.

'Ja, hij is hier, in Moskou, in het Sokolnikipark! Met een schiettent! Wat dikker, wat milder en niet vies van een glaasje. Kom op, een praatje maken, een ouderwets pilsje pakken, herinneringen ophalen?'

Hoe hij ook aandrong, ik sloeg de uitnodiging af, zei dat ik niet helemaal lekker was en krap in mijn tijd zat en bracht het gesprek gauw op een ander onderwerp.

Aantekeningen van een telegrambesteller

Zo regent het telegrammen, zo heb je niks.

Vijanden van de besteller zijn: rotweer, feestdagen, duisternis, kuilen, honden, kindsheid, zoutafzettingen, etc.

Condoleancetelegram wordt een halfjaar te laat bezorgd.

Vrouw in ochtendjas doet open en opeens floept er een borst uit die jas.

Uitgefloepte borst kan aanleiding tot een huwelijk zijn in het werk van een besteller.

Besteller en honden.

Een schone, goed bijgehouden straat kan eindigen in een vuilnisbelt.

Terwijl hij het telegram aan de jonge vrouw overhandigt, kan de oudere besteller schalks zeggen: 'Ook van mij de gelukwensen met je verjaardag!'

Helaas, misgeschoten: het gelukstelegram was voor een andere portiek, en dan begint het gemarchandeer.

's Nachts probeert de besteller de plek te mijden waar eens een besteller vermoord is.

Besteller probeert de verleiding te weerstaan om een blank wapen mee te nemen: liever zelf vermoord dan iemand anders vermoord.

Overledenen worden lang thuis gehouden: de ene keer wachten ze op familie, de andere keer is er een wachtlijst voor doodkisten en graven.

Gesneuveld in Afghanistan.

Uit vakantieoorden komen zeer vaak telegrammen met het verzoek om geld te sturen.

Logboek met adressen, namen en aantekeningen: 'kwaadaardig', 'buitengewoon kwaadaardig', 'zeikerig', 'gevaarlijk', 'hoge piet'...

Je was zo voorkomend en beschaafd voor je trouwen en je bleek zo'n varken erna!

Besteller van zeventig woedend: een laat telegram naar het ravijn – regen, gladheid, donker; in het telegram: 'Sokken gekocht.'

Een kat zit op straat achter een hond aan.

Jonge telegrafistes en soldaten.

Een soldaat is uit dienst op weg naar huis, de telegrafiste gaat met zwangerschapsverlof.

In het grote gezin zijn alle dochters via een militair onderdeel gegaan.

Spoedtelegram: 'Geen eieren kopen!'

Twee telegrafistes zijn in hevige onderlinge concurrentie om het aantal ontvangen dankbetuigingen.

Sommige mensen die een telegram krijgen, willen over hun leven gaan vertellen.

Op een regenachtige dag rijdt een man met donkere bril op zijn bromfiets een oud vrouwtje met een tasje ondersteboven.

Man met bijl staat dromerig naar een mooie boom te kijken. 'Gaat u die omhakken?'

'Ik weet niet... ik denk het wel...'

'Waarom?'

'Gewoon... genoeg van...'

Een telegrafiste bakte een Zwanentaart voor een verpleegster die ze kende en met behulp van die taart behaalde de verpleegster de eerste plaats op een intern ziekenhuisconcours.

Een man ligt tegen een schutting in het stoffige gras naar de lucht te kijken, te roken, te mompelen.

Witte wolken met een donkere voering.

Telegram: 'Uw man is overleden. Komt u hem halen. Dokter Ivanov.' De deur werd opengedaan door een vrouw met een zwart hoofddoekje, ze pakte het telegram aan en zei, wijzend op een tafel met een doodkist erop: 'Hij is er al!'

Spoedtelegram om zeven uur 's morgens: 'Bloemen water geven!'

Sommige mensen doen niet open, vragen het telegram door de deur heen voor te lezen.

Sommige mensen kunnen hun eigen deur niet open krijgen.

Sommige mensen houden er niet van als je het telegram over de drempel heen aanreikt.

Besteller heeft al drie dagen last van een spijkertje in zijn schoen, maar hij is te lui om het plat te slaan.

Afgepeigerde postbode met één long.

Nieuwe, gepensioneerde bestelster. Oud-verzekeringsagente. Al na een halfuur weet ze alles en snapt ze alles. Weer een halfuur later vertelt ze iedereen hoe hij zijn werk moet doen. En nog weer een halfuur later heeft ze iedereen wijsgemaakt dat de telegraafdienst zonder haar verloren is. Een spervuur van aanwijzingen en goede raad. Met slecht weer gaat ze het ziekenhuis in en met nog meer energie komt ze er weer uit – tot het volgende slechte weer.

Vakbondsvergadering, voorstellen van 'onderop' en minachtende grimassen van 'bovenaf'.

De telegrafische verhaspelingen van Dictor* Levita: Victor Levitanstraat, Doctor Levitanstraat, en vandaag Dictator Levitanstraat.

Zowel de telegrafiste als de besteller hadden een verhaspeling over het hoofd gezien: het moest 'allerbeste gezondheid', maar er stond 'allerslechtste'.

Op feestdagen veranderen telexen in mitrailleurs met een oneindige voorraad munitie.

Sommige mensen hebben heilig ontzag voor hun eigen jubi-

---

* dictor = nieuwslezer, omroeper *(noot van de vert.)*

lea, maken zich druk, komen langs, bellen, vragen: 'Zijn er geen gelukstelegrammen voor mij?'

'Vooralsnog niet.'

'Hm, gek...'

Besteller piekert over de situatie van een Amerikaanse besteller en levert het telegram op het verkeerde adres af.

Besteller is met zijn gedachten bij een Afrikaans land en valt in een kuil.

Een jonge telegrafiste wil gaan stappen en verzint telkens een smoes: nu eens is haar oma dood, dan weer haar opa.

Iedereen is inmiddels dood, ze valt door de mand, op een vergadering worden haar de oren gewassen.

Telegraafproces van Stadsfruitgroenhandel tegen besteller.

Besteller koopt een fiets en verkneukelt zich dat het met de fiets snel en fijn gaat.

Maar het gaat niet snel en niet fijn, maar verschrikkelijk: hij is als de dood dat hij onderweg wordt doodgereden en doodsbang dat zijn fiets gestolen wordt terwijl hij een telegram overhandigt. En een politieman jaagt hem de eerste de beste dag schrik aan bij een portiek: 'Uw fiets?'

'Ja.'

'Weet u wel dat u in overtreding bent?'

'Hoezo?'

'De wet op het zonder toezicht of diefstalwerend gereedschap achterlaten van een vervoermiddel.'

Zouden ze in Tsjechoslowakije of China fietsen stelen? denkt de besteller gekweld en hij ontdekt dat hij een telegram verloren heeft.

Voorjaar, omgewoelde moestuinen, het broeikasplastic glinstert in de zon.

Najaar. Een koude wind rukt aan de resten gebladerte en de flarden broeikasplastic.

Winter. Alles onder de sneeuw.

Sneeuw, sneeuwhopen, de maan. Besteller wordt op wodka getrakteerd. Hij loopt nu niet om het ravijn heen, maar laat zich naar beneden glibberen.

De oktoberwind sleurt vuilnis over straten en binnenplaatsen. Gesneuveld in Afghanistan.

Gepensioneerde besteller, wiens overgrootvader een Duitser was, is het toonbeeld van nauwkeurigheid, plichtsbetrachting, correctheid. Hij is de man die volkomen vrijwillig een kaart van de telegrambezorgwijk heeft opgesteld en uitgewerkt, met de precieze aanduiding van alle straten, straatjes, doodlopende straten, ravijnen, oversteken over ravijnen, alle huizen en huisjes, terwijl rode stipjes laten zien dat de aangegeven plek gevaarlijk is door loslopende honden.

De ene telegrafiste is bereid haar laatste cent te geven, de andere bijt je de strot af voor een grijpstuiver.

Vorst en zon.

Scholieren in militair uniform en met automatische geweren lopen naar de wisseling van de wacht bij de eeuwige vlam, doen hun uiterste best de wachten van het Kremlin na te doen die net marionetten zijn.

Nieuwe gepensioneerde besteller. Grijs, pezig, buitengewoon beweeglijk. Hij loopt niet met telegrammen, hij holt. Hij heeft zijn leven doorgebracht in Magadan. Was voorman in Berlaga, werkte vervolgens bij de OeKS. In Berlaga zaten geen onschuldigen. Er waren sowieso geen onschuldigen. Alleen nieuwe Goelags en Berlaga's kunnen ons redden. Gori is een heilige plaats.

Een telegram dat gasten aankondigt, brengt de klant in paniek: wat moet hij ze te eten en te drinken geven?

Sommige mensen willen betalen voor de bezorging van een telegram.

Sommige mensen pakken het telegram zwijgend aan en knallen de deur dicht.

Bestellers en postbodes zijn verplicht om extra penningen te innen voor de verspreiding van postattributen: enveloppen, prentbriefkaarten, postzegels.

Ze stellen zich op in winkels, op straat. Als je voor honderdvijftig roebel verkoopt, krijg je een tientje premie.

Op het gezicht van de jonge productieplanner: ik heb een hogere opleiding!

Een klant durft: ik was niet thuis, ze hebben een bericht achtergelaten, ik heb gebeld, vroeg het telegram voor te lezen, dat deden ze, ik zei dat alles duidelijk was, ze hoefden het niet te bezorgen, na een tijdje – kunnen jullie het mij persoonlijk overhandigen, ik ben thuis, goed, doen we, deden we, hij bestudeerde het telegram langdurig en zei toen: 'Weten jullie wel dat het verboden is om telegrammen via de telefoon door te geven?'

'Ja, maar u hebt er zelf om gevraagd!'

'Maar weten jullie wel wie ik ben? Ik ben de adjunct van de partijbaas van de tractorfabriek!'

Poedersneeuw maakt grauwe hopen.

Veertienjarige dochter van vrouwelijke postbode kwijnt langzaam en pijnlijk weg van een sarcoom.

Gladheid. Gekraak van ijs en botten.

Vrouwelijke besteller rijdt op haar achterste het ravijn in.

Telegram: 'Komen, vader dood.'

'Maar mijn vader zit binnen! Daar zit hij, thee te drinken!'

Besteller heeft voor de oudste telegrafiste geen worst uit Moskou meegebracht en is nu in ongenade gevallen.

Nieuwe bestelster weigert telegrammen voor het ravijn als het donker is.

Alle herinneringen van besteller – een gewezen geoloog – laten zich in drie woorden samenvatten: taiga, beestjes, alcohol.

Bestelster van achttien mengt zich in de strijd om een bruidegom. Vandaag verzamelt ze haar vriendinnen bijeen en rijdt naar een andere wijk om een rivale in elkaar te slaan.

Op dagen met toespraken van groot staatkundig belang zijn de kranten laat en wordt het werk van een postbode nachtwerk.

Handelaren in oud papier stelen kranten en tijdschriften uit brievenbussen.

Vorst en wind. Besteller kreeg bevriezingsverschijnselen aan zijn orgaan.

Heel het leven strijd. Letterlijk gisteren eindigde ze de strijd om een telefoon, vanmorgen begon ze aan de strijd voor een monument voor haar man. Hij heeft wel een standbeeld, maar dat bevalt haar niet, dat van anderen is mooier.

Er wordt opengedaan door een jonge, slaapdronken vrouw in een nachthemd, haar tepels steken door de dunne stof heen. Besteller overhandigt het telegram, loopt weg. Hij loopt de straat uit, denkt aan de vrouw. Hij blijft staan, denkt even na, loopt terug, belt aan, vraagt of hij zijn potlood niet is vergeten. Niet. Hij loopt weg.

Vogelkers onder poedersuiker van rijp.

Bestelster met veel kinderen droomt ervan om het met een geestelijke te doen.

Vrouwelijke postbode ontdoet zich van haar man door de benen te nemen en verstopt zich onder een tafel in de iconenhoek.

'Waarom verhaspelt u voortdurend mijn naam? Ik heet geen Blanter, maar Belter!'

'Wat dondert het!'

Telegrafiste van achttien wordt 'vriendjes' met telegrafist van vijftien. Hij rost haar periodiek af en vlucht naar zijn leeftijdgenoten: brommer rijden, vissen, naar de disco, enz.

Spoedtelegram: 'Worst gekocht!'

Telegram met toestemming voor ruilen met Moskou. De vrouw kuste het telegram en begon te huilen van geluk. Gesneuveld in Afghanistan.

Veertienjarige zoon van telegrafiste heeft dyskinesie, dystrofie, scoliose, bijziendheid...
'Je gaat toch in dienst, maak je maar geen illusies!' krijgt hij van de schoolarts te horen.
Telegram uit Jevpatoria: 'Dank voor je liefde. Laat je behandelen. Je bent ziek.'
Bibberende man vraagt om een flesje te kopen met iets tegen kakkerlakken.
Het was inmiddels droog geworden, de lente hing in de lucht, toen het opeens hard en nat begon te sneeuwen.
Gelukstelegram: 'Zet je tanden in het leven. Kop op, Boris, niet te vaak vechten, wees wijzer, dan ben je met dertig majoor!'
In het tehuis voor doofstommen is alles altijd helder, glimlachen, geen vragen of aanmerkingen.
Telegram aan Stadsfruitgroenhandel: 'We hebben zuurkool in de aanbieding, ingelegde abrikozen, ingelegde courgettes, ingelegde tomaten, ingelegde augurken. Chef Petrovsko ORS N. Soljony*.'
Deze vrouw vraagt heel vaak een gesprek aan om telefonisch ruzie te maken met haar schoonzoon.
Gelukstelegram voor iemand die niets meer nodig heeft.
Het paradijs van het bloeiende ravijn.
De hervorming van het postkantoor begint met de schoonmaaksters, de postbodes, de bestellers, de operateurs en wordt met deze laatsten ook afgerond, zo lijkt het: kortingen, afschaffen toeslagen, enz.

* Soljony = Ingelegd *(noot van de vert.)*

De postelite is tot de slotsom gekomen dat men een schoon-maakster met een bult twintig roebel per maand kan betalen en dat dat nog veel is.

Bureaus worden uitgebreid, aantal bestellers ingekrompen.

Hogere snelheid op basis van rappe voeten en tong uit de mond.

Dag, nieuw leven!

Dag, Charlie Chaplin!

De gezel

Een drukkende zomernacht. Een purperrode maan blikt neerslachtig naar een metaalfabriek in de greep van vuur en rook.

Er zijn twee mensen in de controlekamer: de meester en zijn gezel. De meester schiet heen en weer tussen de apparaten en de telefoon, doet zenuwachtig, loopt te vloeken, loopt worst te kauwen en kefir te drinken terwijl de gezel bedeesd in een hoek achter een ijzeren tafel zit en nijver het doen en laten van zijn meester gadeslaat: eens zal hij immers ook meester zijn, zal hij een goed salaris hebben en voortijdig, met voorrang, met pensioen gaan...

Benauwd, heet... de geur van hoogovengas... Het gesuis van ondergrondse motoren... maar de tijd staat bijna stil...

Opeens maakt de meester een kleine luchtsprong, hangt met zijn hoofd omlaag tegen het plafond en maakt in die houding een aantekening in een logboek...

Moet ik dat ook leren? denkt de gezel met schrik.

'Niet zitten slapen!' roept de meester. 'Hou de druk van het hoogovengas in de gaten!'

Er gaat een huivering door de gezel, hij rent naar de apparaten en staat lang te staren.

'Wat zie je daar?!' roept de meester. 'Waar kijk je nu? Waar hebben wij het hoogovengas, op welk paneel?'

Er gaat een sirene, de meester holt de controlekamer uit en zijn gezel gaat weer achter de wiebelige ijzeren tafel zitten...

Benauwd, heet... De geur van hoogovengas en zwavel... Het gesuis van onderaardse motoren... het gekraak en geflikker van bedieningspanelen... maar de tijd beweegt niet, de tijd staat stil...

Daar ziet hij echter een boompje, de gezel holt over het rood-
gloeiende paadje tussen withete bloemen door, daar is de
steilte, daar de rivier... zo meteen springt hij van de helling
in het koele water en huivert hij van genot! En daarna valt
hij aan de overkant in slaap, onder het gesuis van het zomer-
bos.

'Niet zitten slapen!' roept de meester. 'Naar de druk van het
aardgas kijken!'

De gezel huivert, holt naar de apparaten, staat een tijd te
staren...

'Wat zie je daar?!' roept de meester. 'Waar kijk je nu, uilskui-
ken? Waar hebben wij het aardgas, op welk paneel? Ga maar
even uitwaaien!'

De gezel loopt de controlekamer uit.

Gesuis, stof, kolendamp.

Boven hem, in de verdrukking door de schoorsteenpijpen,
hangt een purperrode maan, in een schemerdonkere put
schieten de kleine gedaanten van arbeiders heen en weer.

Vlakbij treedt met luid geloei een uitlaatklep in werking,
de gezel maakt een luchtsprong van schrik en alles om hem
heen gaat gehuld in een bijtende damp.

Oei-oei-oei

De kersen zijn al bijna over.

We zaten een tijd tegen de schutting.

De beer wil bijgevoerd worden.

Oom is van plan om het paadje naar de plee met beton te verharden.

Tante keurt voor het slapengaan haar grote lijf.

Oom en ik zijn vaak op de vuilstort achter het pompstation. De buit van de vuilstort wordt met een kruiwagen thuis afgeleverd, schoongemaakt, gesorteerd, opgeslagen.

We gingen naar de film.

Het schoonmaken van de beer.

V. gelooft niet dat het communisme gauw aanbreekt. Met een jerrycan op olie uit voor de primus. Zware jongens pisten in de jerrycan.

Oom zoekt cement voor het paadje naar de plee. Als hij die nu eens niet vond.

De beer wil bijgevoerd worden.

Veel vliegen.

De nachten zijn benauwd.

Vanwege de zware stookolie zwemt er niemand in het riviertje, behalve wij.

's Avonds liepen we naar het park.

Moeite om in slaap te komen.

Het is niet alleen 's avonds en 's nachts gevaarlijk in het dorp, maar ook 's middags. En 's morgens eigenlijk ook.

A. met haar enige oog maakt intieme gevoelens los.

De beer roept.

's Nachts liepen we naar de boomgaarden. Ik rilde van angst en lachte, waardoor ik niets plukte.

Het zou mooi zijn om zelf een angstaanjagend gezicht te hebben.

Sommige bomen krijgen al gele blaadjes.

Oom heeft afspraken gemaakt met de kantine van de reparatiefabriek over etensresten voor de beer.

De kantine van de reparatiefabriek is op de rechteroever, drie dorpen verder.

Oom gaat de beer slachten en een pak voor me kopen.

Ik heb een zwarte ton met wit ijzerdraad aan de kruiwagen vastgemaakt en ga naar de rechteroever, naar de kantine van de reparatiefabriek.

Om gevaarlijke ontmoetingen te vermijden moet ik onderweg laveren. Vooral het dorp Kalk is gevaarlijk.

Ik kon niet vluchten, werd omsingeld, de kruiwagen werd in een kalkgroeve gekieperd en de beer moest zonder avondeten gaan slapen.

Soms proef je in een windvlaag de herfst al.

V. meent dat iemand met een klein geslacht echt niet op een grote liefde hoeft te rekenen.

Treurig.

We reden naar het strand.

Ik deed een zakdoek in mijn zwembroek.

In het dorp Silicaat vond oom het cement voor de verharding van het paadje.

Met een kruiwagen cement halen.

Al ging het maar regenen.

We verharden het paadje naar de plee die op instorten staat.

Elk karwei in ons huis begint met gedetailleerd beraad op hoge toon, gaat gepaard met veel kabaal en handtastelijkheden.

's Avonds zinspeelden we tegenover A. met haar ene oog op intieme betrekkingen.

V. wordt zelden bij karweitjes in en om het huis betrokken

Je ziet hem nooit met een kruiwagen of met een baal van een of ander. Ik geloof dat ze niet eens een kruiwagen hebben.

Als oom wat gedronken heeft, denkt hij dat tante hem bedriegt en zwaait hij met zijn vuisten voor haar gezicht.

We zijn op de vuilstort geweest. Een gedeukt vat carbid meegesleept, een roestige pijp, ijzerdraad, pantoffels en een plastic souvenirvuurtoren.

Je pakt een vrouw met twee vingers bij haar knie en ze is van jou.

A. met haar ene oog laat zich niet bij haar knie pakken.

V. heeft zich laten inschrijven bij de sectie gemotoriseerde watersport van het complex van de wasmachinefabriek.

Hij wil bestuurder van een motorbootje worden.

Hij is aanzienlijk vrijmoediger dan ik.

De verharding van het paadje naar de plee gaat gepaard met kabaal tussen oom en tante.

Ik geloof dat je ze niet alleen in het dorp kunt horen, maar ook in de stad.

V. en ik reden naar het waterstation van de wasmachinefabriek, brandden met een soldeerlamp de oude verf van de scooter, gingen sigaretten halen voor de volwassenen. Ik was pas 's avonds laat thuis, wat mij op een schrobbering kwam te staan.

Al drie dagen niet mogen stappen van oom.

De verharding van het paadje naar de poepdoos is door gebrek aan cement even stil komen te liggen. Oom is op zoek naar cement. Als hij het maar niet vindt.

A. met haar ene oog blijft mijn ziel beroeren.

Met de kruiwagen naar mengvoer.

Mijn fysieke gegevenheden laten zien dat ik het niet lang zal maken.

Mijn aangeschoten oom zegt dat hij gisteren achter het pompstation een toornslang van tien meter heeft gezien. Hij rolde voort als een wiel. Gaf een afschuwelijke kou af. Hij rolde langs hem heen het ravijn in. Oom zat helemaal onder de rijp van de kou.

Dit najaar gaan we onze bomvolle poepdoos schoonmaken. Oom noemt de poepdoos een bijenkorf, ons bijen, de inhoud van de poepdoos honing.

Regen.

Naar de film gegaan, met V. ruzie gemaakt over het basisidee van de film.

De beer knaagt aan de boom.

Maan, sterren, viooltjes, seringen en krekels maken dat je je fijn voelt. Ik ben een darmworm.

De wind ademt reeds donkere koude en ruikt naar blauwe druiven.

Tante is getrouwd met oom toen ze alleen maar een koffertje en het boek *Netotsjka Nezvanova* had en mijn aangeschoten oom herinnert haar daar nu aan.

'Netotsjka Nezvanova, Netotsjka Nezvanova!' zegt oom smalend.

D. is dit voorjaar overleden, maar de geur van zijn dode lichaam hangt er nog steeds.

Vijftig kopeken aan gierst uitgespaard.

Toedeloe!

Hé, jij daar, kom jij eens hier!

Sla hem op zijn bek!

Douw hem een priem in zijn r..!

Was het maar alvast 1 september!

Met V. naar het waterstation van de wasmachinefabriek gereden. De oude verf afgebrand en losgetrokken, voor de volwassenen bier wezen halen, kwas, sigaretten en hartige taart.

Na de hitte van het strand en de aanblik van vrouwenlichamen kun je onmogelijk de slaap vatten.

Oom heeft cement gevonden in Zjabovka. Met de kruiwagen cement halen. Voortzetting van de verharding van het paadje naar de poepdoos.

Met de kruiwagen en een ton naar de Rechteroever voor voedselresten. Op straat zag ik de lerares literatuur. De kruiwagen snel de dichtstbijzijnde zijstraat in gestuurd en me verstopt.

Regen. Fotoboek bekeken. Ik sta werkelijk van jongs af aan op elke foto met een norse frons.

A. met haar ene oog stoot ons niet van zich af, maar geeft ook niet bijster veel hoop op de kans op intieme betrekkingen.

Niemand zwemt meer in het rivierwater en op de kant wordt niemand meer verliefd.

Opvallend hoe intens geel de blaadjes worden.

Herfst, dat is gewoon plus noordoosterstorm.

Ja, oom verbouwt gierst op een braakliggend stuk land. Hij wil bezems leren maken, die op de markt verkopen en net zo rijk worden als zijn peter Paardenslachter.

Geen twijfel aan dat ik binnenkort doodga.

Je moet hier geen gezichtje hebben en zelfs geen gezicht, maar een smoel.

De voortekenen van de herfst zijn onmiskenbaar.

Het paadje naar de poepdoos is af. Oom is tevreden, wandelt over het paadje, rookt.

De zee is reeds bekroosd.

De blauwe druiven rijpen reeds.

We blijven flirten met A. met haar ene oog.

V. stelt dat mooie vrouwen alleen voor de rijken zijn weggelegd.

Treurig.

Ik ben een laffe, leugenachtige huilebalk.

Ik ben een moreel en fysiek gedrocht.

Alleen een vroege dood hoedt mij voor schande en leed.

Met de kruiwagen naar de vuilstort. Gebroken bakstenen in specie aangesleept, een roestig stuk gaas en een rijbroek.

Oom deukte het carbidvat uit en verfde het. Om vijf uur 's morgens naar de markt gesleept. Lang gestaan. Naar huis gesleept.

Ik ben best muzikaal, wil van jongs af aan een muziekinstrument leren bespelen, maar dat hebben we niet en dat krijgen we niet ook.

Ik geloof niet dat ik onder de gierst op kostschool uitkom. Nee, inderdaad niet.

De gierst is gesneden, met de kruiwagen thuis afgeleverd, gedroogd en wordt op het moment met speciale kammen uit de korrel gepeld.

De wespen vreten uit de korrel grijs
het gierstelichaam nat beslagen.
Maar spoedig word ik heen gedragen
op ranke vleugelen (van Onderwijs?).

Men zwermde reeds bij de hoofdingang bijeen. Het lawaai zwol aan, alsof je bij een markt kwam of bij het strand. Onze mensen stonden in afzonderlijke groepjes bij elkaar. Op de vraag hoe de zomer geweest was, antwoordde ik dat die uitstekend geweest was: zee, strand, waterstation, motorbootjes, jachten, wijn, vrouwen.

Er werd geschreeuwd dat we in gelid moesten gaan staan. Lang aan het opstellen, steeds anders gaan staan, een van de jonkies werd een bloedneus geslagen. Op het bordes de directeur, de conrector, de plantkundige en de loodgieter van de school. De chauffeur van de school stond te roken tegen de garagedeur. De kok van de school stond op het keukenstoepje een lang mes te slijpen. Ons blaasorkest arriveerde.

Gedurende de zomer was de harmonie zoekgeraakt, ze speelden beroerd.

Een onverwachte rukwind deed de jurk van de fraaie plantkundige opwaaien. De klarinet maakte een schrille fluittoon. Gedurende de zomer was de schooltuin verwilderd, door stoffig gras overwoekerd. Het stenige sportveld blonk van de glasscherven. Achter de geel geworden aanplant klonk het vertrouwde geratel van een goederentrein en een fluit op de plek waar iemand in het voorjaar een been was afgerukt. In de verte stak een hemelwaarts gebogen landje geel af met een gele opper. De directeur eindigde zijn toespraak. We liepen de kostschool binnen.

Alles was bekend en vertrouwd. Voor het raam stak een stoffige populier vermoeid zilverig af, een zwaarlijvige man sjouwde emmers kolen van de straat de binnenplaats op, een zwaarlijvige vrouw joeg in de moestuin achter een kip aan, de laatste hete zon beukte door de ruit heen tegen je hoofd.

Het bed van vorig jaar, bij het raam. In het late najaar en in de winter kan het, als de verwarming uit gaat, net als in het voorjaar, als er stoffige stormen staan, wel eens koud zijn, maar je kunt vanhier wel alles zien.

Uit de ribben van de radiator steekt een versteende sok van vorig jaar.

Uit de rommel van het nachtkastje duikt een foto op van vorig jaar: sneeuw, een muur, een inktvlek die op een octopus lijkt.

We zijn met weinig mensen over.

Sommigen zijn zelf weggegaan, anderen zijn de laan uit gestuurd.

Nog even en we zijn hier ook weg.

De maan kijkt door het raam.

De trein ratelt.

De nachtelijke echo laat het gebonk van de wielen lange tijd naklinken.

Haar lippen zijn licht gestift.
Geen mooier lippen dan de hare.
Maar terwijl hij peinzend keek,
liep Christodoelov op haar toe.

We liepen achter juf aan. De wind deed wervelwinden van stof opwaaien. De groene brug ratelde onder onze voeten. In het rivierdal stonden de huisjes dicht opeengeklemd. In het roestbruine riet bruiste en schuimde een zepige stroom. Op de grauwe wangen van de fabrieksbarakken kleurde een teringachtige blos van de laatste herfstkleuren. Op de etalageruit van de winkel stonden een ham, worsten, steuren, sinaasappels, chocolade, cognac, champagne getekend. Voorbij de winkel lag, met zijn gezicht naar de grond, een kale man met een natte broek. Een tweede stond er op zijn gemak naast te wateren.

We kwamen bij een betonnen schutting met stukken prikkeldraad, vol gaten en bressen. Uit het stoffige gras rezen roestige buizen op, betonijzer, geblakerde planken, brokken gestolde beton. In de doorgang hing een bericht over de dood van een kaderarbeider, met de aanduiding van plaats en tijd van de uitvaart van het stoffelijk overschot. We kwamen langs een man met een zwarte legerjas en een gezwollen gezicht. We liepen lange tijd door rook, stof, gas en herrie.

Twee keer per week gaan we naar de metaalfabriek om het modelleerwerk te leren.

Modelleren is precies en ingewikkeld werk.

De meester geeft ons opdracht om met de hand een dikke balk in tien gelijke stukken te zagen.

We worden geen modelleurs.

We gaan sowieso nooit naar de fabriek.

We worden officier, artiest, beeldend kunstenaar, jurist, enz.

Een van ons hoeft helemaal niets, omdat hij voelt dat hij spoedig doodgaat.

Lengte 1 m 75, gewicht 45 kg.

Ja, dat ben ik.

Een opstel op het thema: 'In ons land is arbeid een zaak van eer, van roem, van vermetelheid en heldenmoed.'

Opzet

1. Arbeid aan de dageraad van de mensheid.
2. Arbeid in de USSR.
3. Wij bouwen het communisme op.

Slechts dankzij de arbeid is de mens van aap mens geworden.

F. Engels heeft aangegeven dat arbeid begint met de vervaardiging van de allereenvoudigste werktuigen.

Aanvankelijk leefden de mensen in kleine gemeenschappen en werden de producten van hun arbeid gelijkelijk onder hen verdeeld, maar later ontstond er een klasse van armen en een klasse van rijken. De rijken eigenden zich de producten van de arbeid van de armen toe en werden steeds rijker, en de armen steeds armer. Dat ging zo door tot het jaar 1917. In 1917 kwamen de armen in opstand tegen de rijken en werden eigenaar van de producten van hun arbeid. In ons land gaan de mensen blijmoedig naar hun werk. Arbeid is in ons land hooggeorganiseerd en uiterst productief.

In ons land brengt arbeid ware voldoening en geluk. In ons land wordt iemand niet beoordeeld naar zijn maatschappelijke positie en zijn rijkdom, maar in relatie tot zijn werk.

Arbeid is in ons land geen doel op zichzelf en geen middel tot zelfverrijking. In ons land stapt de brigadier van een brigade die vooroploopt strikt vrijwillig over naar een die achterblijft, om ervoor te zorgen dat die laatste ook voorop komt. Bij deze overstap van een voorlijke naar een achterlijke brigade gaat de brigadier er in salaris op achteruit, maar daar maalt hij niet om.

In ons land zie je dikwijls een grijze meester en een jeugdige leerling aan een werkbank staan. Dat betekent dat een grijs geworden meester de geheimen van zijn meesterschap met zijn jeugdige leerling deelt. Terwijl in Amerika een meester op de werkvloer met speciale schotten van de anderen wordt afgescheiden, zodat niemand de geheimen van zijn meesterschap kan afkijken.

In ons land kunnen mensen na het werk met hun hele brigade naar het stadion, naar het theater, naar een concert. In ons land kunnen muzikanten, artiesten, dichters naar de mensen van de arbeid toe en zo in de fabriek een voortelling opvoeren, gedichten voordragen, Mozart en Bach spelen.

Maar tegen mensen die de betekenis van de arbeid niet begrijpen of die arbeid zien als een middel tot zelfverrijking wordt in ons land meedogenloos strijd geleverd.

In ons land worden de grenzen tussen geestelijke en lichamelijke arbeid steeds verder uitgewist. Nog even en ze zijn helemaal weg.

Ons land legt thans de technische en materiële basis voor het communisme en zal dat opbouwen.

Wij zullen leven onder het communisme.

Op de gang werd ik plotseling staande gehouden door de conrector die zei dat ik leek op iemand die een obsceen gebaar in zijn zak maakt.

Ik kleurde en fronste mijn voorhoofd.

Later moest ik terugdenken aan de juf van mijn oude school vóór de kostschool die op een keer, terwijl ik dacht dat iedereen van me hield, opeens zei dat ik graag stiekem kattenkwaad mocht uithalen.

Hm.

Tja.

De cirkel is bijna rond.

Vakantie. De kostschool loopt leeg. Tijd om naar huis te gaan. De gedeukte en gebutste bus kruipt lang over de kapot gereden weg omhoog. Daar is het huis. Oom slaat een roestige buis in de grond, tante maakt groenten in, de beer roept.

Met kruiwagen en ton naar de kantine van de reparatiefabriek.

Het reinigen van de gierst.

V. is een tand uit zijn mond geslagen en een blauw oog.

De herfstmaan kijkt droefgeestig naar zijn donkere oog.

De herfstwind fluit droefgeestig door het lege gat van de uitgeslagen tand.

De tuinen aan de overkant van de rivier liggen er stil en verlaten bij.

De moeder van klasgenootje D. is dood.

We liepen achter juf aan. Bleven staan bij het schots en scheve hekje en de schutting van staven, blik, ijzerdraad en teerpapier. De achterwand van de plaggenhut wordt gestut met een balk. Het deksel van de kist kwam tot vlak onder het dak. De schots en scheve raampjes waren met dekens bedekt. Juf liep de hut binnen, wij bleven op het erf staan. Een spinnenweb glinsterde in de lucht. Een wig van trekvogels strekte zich uit naar zee. De kist kwam naar buiten, werd weggedragen. Het kerkhof was vlakbij. Er was geen muziek. Voor het graf liet men de kist op krukjes neerzakken. Het

klasgenootje liet zich op de kist vallen. De kist werd dichtge-
timmerd, neergelaten, het graf werd dichtgegooid.

De dode moeder van het klasgenootje gluurt 's nachts door
het raam.

Keelontsteking.

Het schoonmaken van de plee. Oom schept het op en giet
het in de emmer, ik draag het weg en giet het over de moestuin uit, tante spit het onder. Oom duwt het stinkende put-
emmertje onder mijn neus. Dezelfde operatie voert hij ook
met tante uit. Een grapje van hem.

T. zorgt voor hartzeer en zenuwen.

Het koor. De voorbereidingen op de tentoonstelling van de
volksuniversiteit. De mars van de communistische brigades.
N. met zijn ene been zet in, we vallen eendrachtig in, drinke-
broer M. V. dirigeert.

En dan ren je opeens over de lange smalle oversteek tussen
de studie- en de slaapgebouwen, zodat je haren je te berge
rijzen.

Ik probeer uit alle macht complimentjes te krijgen.

Ik ben daarvoor tot alles bereid.

Ik ben doodsbang om iets van kritiek aan mijn adres te horen.

Ik laveer, wring me in allerlei bochten.

Altijd op mijn hoede.

Ik ga door het stof.

Er zullen nog warme dagen komen, maar dan zullen regen en
wind struiken en bomen kaal maken.

Als op de radio een programma met symfonische muziek begint, trekt oom ofwel de stekker uit het contact of geeft hij
een gassalvo.

Hij noemt het stokkenraggers.

Droefgeestig brengt de herfstwind de onthoofde zonnebloemen voorbij het ravijn in beweging.

Een zware vogel wiekt uit de natte aanplant op en strijkt meteen op het natte veld neer.

Ze wilde naar zolder. We liepen de trap op. Kleine slakken kraakten onder onze voeten, de vlekken van excrementen van vorig jaar staken donker af. Ze liep naar het dakraam. De afscheidsstralen van de zon kleurden haar kapsel goud. Mijn hand strekte zich naar haar uit, maar bleef pardoes in de lucht hangen.
Ze woont in het centrum van de stad. Uit het raam van haar communale flat kun je de stadsgevangenis zien.

Taja, Taja
ik smelt,
ik smelt en sterf.

Een winderige dag. Een wagentje beweegt zich over straat. In dat wagentje zit een zigeuner. Hij verkoopt kalk. Over de kalk ligt een zeil. De wind blaast de kalk onder het zeil vandaan en draagt het over straat.
Hitte, rillingen, hoesten.
Oom graaft een nieuwe kelder.
Zijn schop wil niet in de harde klei.
Zijn zaag loopt vast in de harde balk, vibreert, wordt opzij gesmeten.
Ik ben omsingeld en word zo meteen doodgeslagen met stokken en betonijzer, maar opeens verschijnt de Verlosser in de persoon van de chauffeur van een kiepwagen. Hij doet de cabine open, zwaait met zijn arm en voert mij weg van de dood.

De rozen verwelken steeds
voorvoelen de nachtvorst reeds.

Alvorens naar buiten te gaan verleen je je gezicht een woeste uitdrukking, loop je het hekje uit en krijg je een schop onder je k...

Is het wel de moeite waard om verder te leven?

Oei-oei-oei...

Nee, ik maak geen schijn van kans op wederkerige gevoelens van T.'s kant.

Oei-oei-oei...

Koorts, misselijkheid, hoesten, rillingen, heet.

Een koude wind drukt je terneer.

Oei-oei-oei...

Het dorp is aangeveegd, witgekalkt, opgeschilderd. Boven het huis van Paardenslachter hangt een vlag. Gevallen bladeren op zwarte kluiten in de omgespitte tuin. Gevallen bladeren in een ton met zwart water. Het erf is aangeveegd. Oom, tante en de beer slapen nog. Vandaag komen er gasten. Hapjes, eigen stook en stereomeubel Oeral wachten de gasten op. Vandaag zullen er veel opgedofte mensen in de stad zijn. Vandaag zullen er veel mooie vrouwen in de stad zijn. Vandaag zal er veel muziek zijn. Vandaag zal er veel gedronken en gegeten worden. Vandaag zal er iemand gedood worden. Vandaag zullen de klasgenoten bij T. bij elkaar komen. Ze zullen wijn drinken en dansen, maar ik zal niet een van hen zijn.

Koorts, misselijkheid, hoesten, rillingen, heet.

Oei-oei-oei...

Het sneeuwt

Veeslachter Pavel Posjpadoerov verkocht achter de portiers-
loge een stuk vlees, dronk een glas wodka en liep naar restaurant Spartak.

'Is er nog plaats?' vroeg hij aan de portier.

'Als er geen plaats is, laten we niemand binnen', zei de portier.

'Ken jij "Het sneeuwt"?' vroeg Pavel en hij liep naar boven,
naar de eerste verdieping.

In de lounge zat een politieman onder een stoffige ficus met
een lucifer zijn nagels schoon te maken.

'Is er plaats?' vroeg Pavel.

'Ik zou het niet weten', zei de politieman.

'Ken jij "Het sneeuwt"?' vroeg Pavel en hij liep de zaal in.

Daar maakten mensen onder felle lichtflitsen en muziekge-
dreun de stuiptrekkingen van hardrock.

'Kent u "Het sneeuwt"?!' schreeuwde Pavel, maar niemand
hoorde iets.

Hij drong tot de keuken door, maar ook daar hoorde niemand
iets. Hij liep naar buiten, strompelde de zwarte, bevroren,
met de chemische walm van de cokesproductie bezwangerde
straat uit en schreeuwde: 'Het sneeuwt! Je komt vanavond
niet! Het sneeuwt! Ik ga dood.'

Ook in de ontnuchteringscel viel hij iedereen lastig met zijn
gesneeuw, tot hij op zijn zielement kreeg – toen kwam hij tot
bedaren en hield hij zijn mond.

Hij lag stil op zijn brits en herinnerde zich de beelden uit
zijn leven van twintig jaar geleden: besneeuwde legerbos-
sen, oud en nieuw, een fles wijs met tien man op een schijt-
plek. Het blauwe lichtje op de tv, de Joegoslavische zangeres
Radmila Karakalic, haar liedje 'Het sneeuwt', haar zwarte

glitterjurk, haar weelderige witte haardos, haar stem, haar ogen.

Daar moest hij allemaal aan terugdenken en hij huilde zachtjes in zijn overheidskussen.

Toelichting

Aan de chef van de perserij
kam. Moerov, Grigori Kasjanovitsj
van ijzerwerker en instrumentmaker
ploeg 5, nummer 325,
Dekaljoek, Trofim Pavlovitsj

In verband met uw opdracht, Grigori Kasjanovitsj, om van mijn kant een toelichting te schrijven, doe ik u onderhavige brief over de aard der zaak toekomen.

Ondergetekende, Dekaljoek, Trofim Pavlovitsj, 21 september 1937, Slakkendorp, lid DND en DPD, toegevoegd medewerker van Stadsvistoezicht en dito lid van de openbare controle op het openbaar vervoer, benevens lid van het straatcomité van het dorp Slakkendorp, stapte gisteren, 9 juli dit jaar, overdag, voor ik op weg ging voor de nachtploeg van mijn hoofdbetrekking, met opoffering van mijn persoonlijke rust, mijn private lapje grond en mijn privé-gezin, bestaande uit vijf personen, benevens mijn in april verlamd geraakte schoonmoeder, ten algemenen nutte de deur uit, en wel: om 8.00 uur maakte ik mijn opwachting bij Stadvistoezicht ter vervulling van mijn algemene plicht en mijn burgerplicht. Aangezien de chef van Stadsvistoezicht, Peresypin, Vasili Ignatovitsj, nog niet terug was uit Kiev, van de bruiloft van zijn neef Gari, en zijn adjunct Sjmatok, Viktor Trofimovitsj, inmiddels vertrokken was naar een regionale conferentie, heb ik volkomen vrijwillig mijn diensten aangeboden aan Pilipenko, Nikolaj Ivanovitsj, monteur van de patrouillekotter, en een reeks van zijn opdrachten uitgevoerd, te weten:
1. de poelie strakgetrokken;

2. hartige taart en kwas gehaald;

3. enzovoort.

Om 11.00 uur waren er geen opdrachten meer voor mij en liep ik van Stadsvistoezicht naar de GAI, maar nam onderweg een kijkje bij Stadsgezondepidemstation, waar men mij goed kent, en bood daar volkomen vrijwillig mijn diensten aan zijn chef Manojlo, Artoer Koezjmitsj, aan, een grote vriend van onze Vasili Ignatovitsj, en liet mij toevoegen aan het team van epidemiologen voor het patrouilleren op het zeestrand in verband met het choleragevaar dat onze regio boven het hoofd hang, iets wat u, Georgi Kasjanovitsj, inmiddels wel gehoord zult hebben.

Bij de verdeling van de zeekust van het stadsstrand in percelen onder de epidemiologen nam ik vrijwillig het meest intensief gebruikte deel van cafetaria De branding tot het toilet voor mijn rekening en ging, Grigori Kasjanovitsj, lopen surveilleren in het hete zand en de hete zon, in mijn bovenkleren, met een armband om en met een megafoon.

Als resultaat van mijn actieve bemoeienis en ondanks het lawaai, de ontstemdheid en zelfs de dreigementen van de kant van de recreërende massa, kwam de betreding van het cholerawater op mijn perceel volledig tot staan, behoudens één zenuwachtige dame, uit de hoofdstad zo te zien, tegen wie krachtdadig moest worden opgetreden en die moest worden overgedragen aan politieman Zoeb, Michail Nikitovitsj, een goede kennis van mij en de broer van de vrouw van tandtechnicus Christodoelov, Ivan Christofotovitsj, wiens dochter in het huwelijk is getreden met de neef van chef Vasili Ignatovitsj van Stadsvistoezicht, Gari uit Kiev.

Om 14.00 uur werd ons surveilleren op last van Artoer Koezjmitsj ijlings afgeblazen, leverde ik mijn armband en megafoon in en liep naar de GAI, waar ik volkomen vrijwillig mijn diensten aanbood aan eerste luitenant Matsjoek

Arkadi Danilovitsj, de broer van majoor Matsjoek Fjodor Danilovitsj, die mij een armband gaf en een regelstok en mij de omgeving van de Rode brug toewees, waar ik tot 15.30 uur mijn dienst waarnam en daarbij één KrAZ-bestuurder zonder rechterknipperlicht op de bon slingerde, één MAZ-bestuurder zonder remlicht, één motorrijder zonder helm en nummerplaat en één bromfietser die de bocht niet goed nam en een kegel bleek te hebben.

Om 16.30 uur werd ik ijlings van mijn post ontheven in verband met de passage over de Rode brug van de minister van Zware Metaalindustrie en ging naar huis, waar ik om 17.30 uur arriveerde na de oude mevrouw Jatsoetsjka voor de winkel vandaan te hebben verjaagd die daar gebakken zonnebloempitten stond te verkopen.

Na thuiskomst nam ik een koude douche en een warme maaltijd, werkte mijn correspondentie af en opende als lid van het straatcomité het spreekuur voor burgers, onder wie:

1. Kozenjoek met een vraag over kolen;
2. Volosjtsjoek met een vraag over zijn schoonzoon.

Klokslag 19.00 uur, na afloop van het spreekuur, gaf ik een reeks huiselijke opdrachten af en legde mij te rusten, een moment van rust waaruit ik, ondanks het gekerm van mijn schoonmoeder, het geschreeuw van mijn vrouw en mijn schoondochter, en ook de vliegen, helemaal uitgerust terugkeerde, wat mij, Grigori Kasjanovitsj, ook in staat stelde om op weg naar mijn werk de passagiers van bus 10 aan een kaartcontrole te onderwerpen en daarbij twee zwartrijdsters te betrappen, van wie er één vrijwillig de boete betaalde, maar van wie ik de andere, die kwaadaardig tegenstribbelde, naar de vierde afdeling moest brengen en overdragen aan kapitein Sjapka, Pjotr Gerasimovitsj, de broer van het hoofd van de ontnuchteringskliniek Sjapka, Semjon Gerasimovitsj, wiens zoon Pavlik Sjapka op dezelfde school heeft gezeten als Mitjka van mij.

Bij aankomst op mijn werk, een kwartier voor aanvang mijn ploegendienst, ontdekte ik dat de hele voorgaande ploeg inmiddels al naar huis was, behoudens meester Majboroda en frezer Smoryto, die zich met een zeer levendige kegel in de kleedruimte ophielden, en benevens ijzerwerker Koerktsji, die zich kotsmisselijk in de slijperij ophield.

Een paar kleine bijkomende opmerkingen zal ik, Grigori Kasjanovitsj, mondeling tot u maken.

Nadat ik snel mijn werkkleding had aangetrokken, begon ik aan de controle van de persen, stelde vast dat vele daarvan zich in een desolate staat bevonden en werd meteen naar de productiehal geroepen om de deurscharnierpers af te stellen, hetgeen ik ook in de meest krap bemeten tijd deed, waarbij ik ontdekte dat op pers 5 met de stans 'theelepel' dessertlepels werden gemaakt, een illegale productie waarvan ik u, Grigori Kasjanovitsj, bij deze op de hoogte stel.

Nadat ik voor het verdere werk aan de persen weer naar mijn plek was teruggekeerd, nam ik in de buurt van de opslag van afgewerkte producten een verdacht geluid waar, gevolgd door de signalering van een schim die in de richting van de buitenmuur snelde. Bliksemsnel taxeerde ik de situatie en stormde naar het brandbord, rukte de koevoet los en vloog achter de schim aan, maar deze wist in het niets op te lossen. Omdat mijn gezond verstand mij ingaf dat waar een schim zich eenmaal laat zien, hij dat ook een tweede maal kan doen, drong ik de ambrozijnbosjes binnen, hurkte neer en hield mijn adem in. De schim liet zich niet zien. Omdat mijn gezond verstand mij ingaf dat hij eveneens de adem in kon houden en af kon wachten, nam ik het besluit tot een schijnbaar vertrek, waartoe ik uit het ambrozijn oprees en aanstalten tot vertrek maakte, maar achter de plee abrupt op mijn schreden terugkeerde en weer het ambrozijn in liep.

Vanuit mijn hinderlaag, Grigori Kasjanovitsj, kon ik het volgende vaststellen:

1. de door mij uit de brandkast gerukte koevoet bleek geen breekijzer, maar een houten stok die als koevoet gemaakt en geverfd was;

2. de schutting achter de plee heeft een gat, wat gevoegd bij het dichte en hoge ambrozijn, benevens de kapotte lantaarn, en benevens het feit dat iedereen kan zeggen dat hij naar de plee gaat, goede voorwaarden schept voor de misdadige verplaatsing van personen en producten.

Kleine bijkomende en nauwkeurige opmerkingen, Grigori Kasjanovitsj, zal ik u mondeling maken.

Toen ik zo'n halfuur in hinderlaag had gelegen en daar onmogelijk nog langer kon blijven liggen, liep ik de ambrozijnbosjes uit en zag toen opnieuw een schim opduiken, Grigori Kasjanovitsj, ditmaal onder de ramen van het fourniturengebouw. Omdat ik voelde dat er iets niet pluis was, gooide ik de houten koevoet weg, raapte een stuk hoekstaal van de grond en vloog naar het fourniturengebouw.

Toen ik achter het boilerhok vandaan schoot, bleef ik staan, Grigori Kasjanovitsj, aangezien de schim niet alleen was! Het waren er een heleboel! Het was een hele zwerm! Het leken wel mensen, maar ze waren – plat! Alsof ze onder een wals waren platgewalst! En ze kronkelden, Grigori Kasjanovitsj! Ze kronkelden onder de lantaarn, tussen de as en de vaten! Ze kronkelden en huppelden, zoals die yankees uit Mangoesj op hun feestdagen wel eens doen!

Ik wilde het stuk hoekstaal naar ze toe gooien, maar het metaal zat aan mijn handen vastgeplakt!

Ik wilde om hulp roepen, maar mijn stem liet me in de steek!

En toen ze opeens mijn kant op bewogen en ik weg wilde lopen, toen lieten mijn benen mij in de steek, Grigori Kasjanovitsj!

Ze kwamen om me heen staan, maakten een reidans, schaterlachten het uit en trokken gekke gezichten..!

Het is me zwaar te moede en ik vind het een belediging, Grigori Kasjanovitsj, om aan deze toelichting bezig te zijn! Waarom word ik niet geloofd? Waarom laat men mij dit schrijven? Wat kan ik schriftelijk voor nieuws toevoegen aan wat ik al mondeling heb aangegeven? Ik kan u alleen zeggen, als iemand die nieuw is: Dekaljoek heeft nooit gelogen, dingen verzonnen, gefantaseerd! En hij is nooit vatbaar geweest voor religieuze waanbeelden of welke andere fratsen ook! U kunt het iedereen vragen en iedereen zal zeggen: Dekaljoek drinkt niet! Hij kijkt het leven altijd nuchter en onversaagd in het gezicht en geeft het een nuchtere taxatie! En schimmen verzinnen – waarom zou hij? Met wat voor zin? Om welke reden?

Maar ik heb ze gezien, ik heb ze gezien! Ik weet niet wat het was en wil het niet weten ook, maar ik heb ze gezien!

Ik zie ze nu ook trouwens! Daar gaan ze – achter het raam van de kleedruimte waar ik aan deze toelichting zit! En dat overdag! Zover is het met ons gekomen, Grigori Kasjanovitsj! Moet je ze zien kronkelen, gekke bekken naar me zien trekken! Ze weten dat niemand ze tot de orde roept, ze zijn door het dolle heen... Sta op, Gij Vader!

Het fotoboek

Op de dag van zijn afscheid kreeg Nikolaj Ivanovitsj een fluwelen fotoboek en een wekker.

'Een beetje mager', zei zijn vrouw.

'Prullaria', zei zijn dochter.

Nikolaj Ivanovitsj zei niets en sloot zich op in het inderhaast aan het huis vastgeplakte bijgebouwtje dat sinds een tijdje zijn kamer was geworden: een slaapbank, een kruk, een oude Rekordkoelkast.

Toen hij de gebruiksaanwijzing had gelezen, wond hij de wekker op, bracht de wijzers bij elkaar en hoorde de daverende melodie van het lied over de koetsier die in de weidse steppe door de vrieskou bevangen wordt.

Hij ging op de bank zijn cadeaus zitten bekijken.

Op het titelblad van het fotoboek stond met gouden letters: 'Voor onze dierbare Nikolaj Ivanovitsj, van het collectief van de slachterij'.

Hij bekeek zijn persoonlijke foto's die nu van het algemene naar het persoonlijke album konden verhuizen.

Het waren er een stuk of vijftien: de school, de FZU, het leger, de bruiloft, de 1-meidemonstratie, het reisje naar Gorlovka...

En voor het eerst van zijn leven viel het hem op dat hij om een of andere reden op alle foto's een bedrukt gezicht had, gespannen, gefronst, en dat hij er op maar één, helemaal vergeeld inmiddels, met een lachend gezicht stond: poedelnaakt, mollig, met zijn voetjes omhoog en zijn eerste twee tandjes naar voren, lag hij op een kleurig kleedje te lachen...

Op de achterkant stond in verschoten hanenpoten, schots en scheef: 'Kolja's eerste verjaardag'...

'Kolja's eerste verjaardag', zei Nikolaj Ivanovitsj hardop.

Buiten viel de schemering.
Sjarik begon te janken.
Het was donker.
Zijn dochter zette achter de muur de cassetterecorder aan:
'Je kunt het leven niet terugdra-haaien...'

Aan het wieden

De modelkolchoz lag achter het vliegveld en een militair terrein.

Ze stopten bij het kantoor. De oudste ging vragen wat ze moesten doen. Ze rookten wat, dronken water uit de put en lazen op de deur: 'Vandaag behandeling van de zaak tegen Dikanev en Dikaneva'.

De eenzijdige populier ritselde lamlendig met zijn stoffige bladeren.

De eenarmige kolchozarbeider deelde kapmessen uit.

Een eenogige man keek uit het kantoor en zei de eenarmige man met de jongens uit de stad mee te rijden.

Ze stopten bij een land dat dicht begroeid was met geel koolzaad.

De eenarmige man telde de rijen en zei dat iedereen een rij deze en een rij die kant op moest doen en per strekkende meter niet meer dan vier cultuurgewassen moest laten staan.

Ze deden hun best om snel te wieden, om voor de hitte de norm gehaald te hebben en weer naar huis te gaan.

Ze liepen als hechte groep, praatten met elkaar, maar daarna werd de zaak uitgerekt en hielden ze hun mond.

De zon begon te bakken.

Aan de andere kant van het veld stond een wagen met water. Het eenorige paard staarde mistroostig naar de hete grond. Op de bok zat een eenbenige waterboer.

Ze dronken water, rookten wat en aanvaardden de terugweg.

De laatste die overeind kwam, was Dmitroek, de brander, die een jaar daarvoor van het platteland naar de stad was verhuisd.

'Op het werk heet, hier heet', mompelde hij en hij nam nog een kom water.

'Lekker warm!' reageerde de waterboer vrolijk.

'Hou jij je mond', riep Dmitroek. 'Ze zijn hier allemaal invalide geworden en dan mag jij voor ze ploeteren! Stelletje uitvreters!'

De waterboer zweeg.

De leeuweriken zwegen.

De hitte stroomde.

Alles zweeg.

De datsja

Ivan Sergejevitsj kocht een datsja: niet te duur, niet te ver, een keurig huisje, appelbomen, frambozenstruiken, kruisbessen...

Het stond op een kleine hoogte. Rechts was de stortberg van een afgedankte mijn, links een kerkhof, beneden een zuiveringsput, aan de horizon fabriekspijpen, conussen en piramiden van een groot metaalbedrijf.

De centrale toegangsweg was versierd met een opengewerkte boog met de gouden letters: 'Modeltuin van de Donbass'.

Links van de boog een bord met mededelingen, rechts een met verbodsbepalingen.

Zware grond, met betonijzer.

Water op rantsoen.

Vergaderingen, contributies, bliksemcontroles.

Buurman links was een gauwdief, buurman rechts een wijdbek.

Tijdens begrafenisuren klonk van de kant van het kerkhof het getetter van trompetten en het gebonk van een trom.

Bij aanlandige wind werd het volkstuincomplex bedekt door de rook, het as en het stof van een cokesfabriek.

's Nachts glansde het zinkbassin vervaarlijk, het fosforiseerde.

Aanvallen van tuig uit nabijgelegen dorp en stad.

'En, wat zeg je van ons buitenhuisje?' vraagt Ivan Sergejevitsj.

'Tja... Niks mis mee', zegt zijn vrouw.

'Niks mis mee zegt niks! Mooi of niet?'

'Ja, hoor...'

'Voel je alsjeblieft niet verplicht om dat te zeggen!' zei Ivan Sergejevitsj met tot spleetjes toegeknepen ogen. 'Ik zie dat niets je bevalt hier: de lucht niet, het water niet, het klimaat niet... Waar hebben we het over? Als het je niet bevalt, hoepel je maar op! Niemand die je tegenhoudt! Zo vrij als een vogeltje in de lucht. Maar dit is wel waar ik vandaan kom, ik ben hier geboren, opgegroeid, mens geworden... een gerespecteerde spoorwegarbeider! Ik lig niet in de goot, zoals die familie van jou, en ik zit niet in een ontwenningskliniek! En ik laat... en ik laat mijn geboortestreek niet beledigen door het eerst het beste schoothondje!'

'Wie komt je nu te na, Vanja? Wat raaskal je nu?'

'Dat wil ik niet! Ik zie en doorzie het allemaal! Al het plebs gaat hier kritiek lopen uitoefenen! Het water is niet goed, het water is niet goed! De mensen praten hier niet, snap je, ze knorren.'

'Wat loop je nu te bazelen, Vanja? Wat is er met je?'

'Hou je mond! Ik zie het allemaal en ik begrijp het heus wel, ik ben niet gek! Als het je niet bevalt, hoepel je maar op! Prima donna! Ben je vergeten waar je vandaan komt en met wie? Wat zullen we dan van jouw geboortestreek zeggen, nee, dan jouw geboortestreek?! Daar... daar hebben ze het nooit gehad en daar zullen ze het ook nooit krijgen – worst!'

En tot bedaren gekomen dacht Ivan Sergejevitsj vol ontzag aan worst.

Verhaal van een onbekende

Gisteravond kwam er een onbekende naast mij op het bankje zitten, vroeg iets te roken en vertelde het volgende verhaal: 'In 1964 kwam ik van school en kreeg via een kruiwagen een plaats als leerling-modelleur op een metaalfabriek. Later begreep ik dat ik helemaal geen kruiwagen nodig had gehad. Het modelwerk ging niet. Ik kon nog niet de eenvoudigste tekening onder de knie krijgen. Ik haatte het modelleerwerk. In plaats van naar mijn werk ging ik naar het strand. Tegen de avond had ik een bolle kop van de hitte, het lawaai en de aanblik van vrouwenlichamen. De nachten waren benauwd en plakkerig. In het najaar moest ik in dienst. Daar leerde ik Vegert kennen, de bibliothecaris van mijn divisie. Ik stond versteld van zijn kennis, sloeg steil achterover. Mijn handen begonnen te trillen. Mijn schaal barstte, de wind schudde mijn schamele veren. Kosmische woelingen hadden een gat geslagen. De wereld wasemde in puinhopen. Het stof van de afgrond die zich opende, beet in mijn ogen. Er sijpelde bloed uit een berk. Ik werd bang en ontweek Vegert. In 1968 kwam de bevrijding en kroop ik weer in mijn schulp. Ik dacht dat ik met de jaren wijzer was geworden, maar dat was niet zo, want ik kwam weer in een modelleerbedrijf. En alles ging weer net zo: volstrekte ongeschiktheid, spijbelen, strand, bolle kop krijgen, benauwde, plakkerige nachten. Ik ging naar een garage voor het repareren van auto's. Het was vuil werk en het betaalde een schijntje. De wereld werd een plakkaat blauwe smeerolie met zand. De gezichten om mij heen – van de chauffeur tot de chef – vormden het laagste niveau van teloorgang en verloedering. Ik vertrok naar Stadsgas. Na de garage was dat het paradijs. Ik werkte alleen, deed niet aan belastingen, mijn schaal vulde zich van lieverlee met de geuren van rotte bladeren en de zee, maar na twee maanden knoopte ik nauwe contacten aan met Demerdzji en Sjapka, met z'n drieën gingen we de adressen af, persten abonnees geld af en zopen ons klem.

Toen ik 's nachts eens dronken op de bank lag, werd ik door iemand aangestoten. Ik dacht dat het mijn moeder was en wilde al gaan schelden, maar het was Vegert.
Hij keek me aan, schudde verdrietig het hoofd en zei dat ik niets hoefde te zeggen – het was evengoed wel duidelijk.
Zijn bezoek had een ontnuchterende uitwerking op mij, ik begreep dat ik me op een hellend vlak bevond, ik brak met Demerdzji en Sjapka en ging 's avonds gedichten zitten schrijven die ik het voorjaar daarop voor een wedstrijd naar het Literatuurinstituut stuurde.
Er begonnen dagen van martelend zoete verwachting.
Ik kreeg bericht dat de balans van de schrijfwedstrijd was opgemaakt en dat ik toelatingsexamen mocht doen.
Bij het mondeling onderhoud zat ik te bibberen, te zweten en te zwatelen.
Op het schriftelijk examen raakte ik in een hevige tijdnood. Over geen van de aangeboden thema's was ook maar iets te zeggen. Ik was op de rand van een flauwte. Eindelijk, toen ik nog luttele minuten over had, vermande ik mij met mijn laatste krachten en schreef koortsachtig een ode op het thema "Wij zijn het sovjetvolk". Ik hoef die deerniswekkende ode niet te herhalen. In uiterst bedrukte toestand kwam ik van het examen. Ik zag het gezicht al van de examinatoren die vol walging en gelach naar mijn opus keken. Ik hoorde ze al zeggen: moet je zien wat een gek en een zak we op ons dak krijgen. De huizen van de Tverboulevard knipoogden met hun ramen en vroegen: zo meneer, alles goed? Over Poesjkins gezicht gleed een minachtende grijns. Maar ik vond mezelf

nog walgelijker toen ik opeens Vegert wilde opsporen en vermoorden.

Twee dagen later hoorde ik echter dat ik een voldoende voor mijn werkstuk had gekregen, de overige examens met goed gevolg had afgelegd en aldus extraneus was geworden van de enige literaire hogeschool van het land.

Op vleugels wiekte ik naar huis!

Ik bezwoer mezelf mijn onwetendheid en slechtheid uit te bannen, verdiepte me in de wetenschap, maar leerde twee maanden later de plaatselijke dichter Oesov kennen en begon de bijeenkomsten van het literaire genootschap Resonanties bij te wonen, begon te zuipen, met mijn arm om iemands nek Oekraïense liederen te zingen, te janken en te knarsetanden.

Toen ik op een nacht eens dronken op de bank lag, werd ik door iemand aangestoten, ik dacht dat het mijn moeder was en ik wilde al gaan liggen schelden, maar het was Vegert. Hij deed op doorreis onze stad aan.

Hij keek me aan, schudde mismoedig het hoofd en zei dat ik niets hoefde te zeggen – alles was evengoed wel duidelijk.

Vegerts bezoek had een ontnuchterende uitwerking op mij, ik brak met Oesov, sloofde me uit, rondde voorspoedig mijn studie aan het Literatuurinstituut af en kreeg het diploma literatuurarbeider.

Er waren geen banen, ik bleef bij Stadsgas werken, knoopte weer nauwe betrekkingen met Demerdzji en Sjapka aan en bevond me weer op het hellende vlak naar de afgrond.

Toen ik op een nacht dronken op de bank lag, maakte iemand me wakker, ik dacht dat het mijn vrouw was (ik was inmiddels getrouwd) en wilde al gaan liggen schelden, maar het was Vegert. Hij schudde mismoedig het hoofd, maar de ochtend daarop pakte hij me bij de arm en bracht me bij iemand die mij met zijn kruiwagen bij een krant bracht, als medewerker van de afdeling ingezonden brieven.

In een opwelling van dankbaarheid sloeg ik mijn armen om Vegert heen en mompelde iets over eeuwige liefde en vriendschap. Ik ging druk aan de slag, met de wens hem door een of ander waardevol cadeau mijn dank te betuigen, alsmede de man die mij zijn kruiwagen had gegeven, maar hij waarschuwde me door te zeggen dat hij niets hoefde te hebben en ik omhelsde hem nogmaals onstuimig.

Met opgeheven hoofd begon ik aan het krantenwerk, werd binnen de kortste keren opgemerkt en aangemoedigd en mocht reeds daadwerkelijk op promotie hopen toen ik in de baaierd van brieven op een keer opeens een schrijven van een familie Kozenjoek tegenkwam, met de klacht dat er een smalspoor door hun eenkamerwoning liep. De duivel had ze moeten halen, die Kozenjoeks met hun brief! Terwijl ik toch stapels brieven in de prullenbak heb gegooid, zelfs zonder te lezen! Maar nee, ik gooide hem niet weg, ik ging poolshoogte nemen en moest vaststellen dat de klacht strookte met de werkelijkheid: de Kozenjoeks sloegen de loper opzij en ik zag een smalspoor dat diagonaal door hun enige kamer heen sneed. "Helpt u ons", klaagden de Kozenjoeks, "tot wie we ons ook wenden, niemand die ons wil helpen, terwijl we zelf niet bij machte zijn om de zaak te regelen – de lijn ligt stevig in het beton." Ik beloofde hun de kwestie te zullen uitzoeken en dacht bij mezelf: je zult het op de een of andere manier ook wel met dat smalspoor uitzingen.

Maar op een nacht, in mijn slaap, kwam Vegert naar me toe en zei vol verwijt: "Waarom doe je niets? Je moet de mensen toch helpen!"

En ik ging aan de slag, begon te bellen, verzoekschriften in te dienen, eisen te stellen, dreigementen te uiten, maar het eind van het liedje was dat de Kozenjoeks niet werden gehol pen en dat ik mijn baan kwijtraakte – ik maakte invloedrijke vijanden en vloog eruit bij de krant...

"Ik zie dat u mij niet erg gelooft", zei de onbekende, "maar als u me niet gelooft, kom dan maar mee, dan kunt u zelf dat smalspoor zien, het is vlakbij: Soerikovstraat, gebouw vijf, woning drie!"

"Waarom zou ik? Ik geloof u best. Wat zou je je in onze tijd over zo'n smalspoor verbazen?" antwoordde ik.

"U hebt gelijk", zei de onbekende gelaten. "U hebt gelijk... maar die Vegert ga ik wel vermoorden!"

Tandenknarsend maakte hij zich uit de voeten.'

Aan de afgrond

Haar eerste verloofde schreef haar een halfjaar na zijn oproep voor militaire dienst op haar honderdste brief dat ze
hem niet meer moest schrijven, omdat hij blootgesteld was
geweest aan straling.

In het voorjaar leerde ze een andere kennen, ze brachten de
hele zomer samen door, in het najaar werd hij opgeroepen,
hij zweeg lange tijd en vervolgens schreef hij dat hij bij de
grootste militaire oefeningen van Europa bloot had gestaan
aan de uitstoot van de AKZP-10, dat hij nu veroordeeld was
tot een langzame, pijnlijke dood en dat het geen zin had om
hun relatie voort te zetten.

In de winter leerde ze een derde kennen, hij was al in dienst
geweest, werkte als meesterknecht op een slachtbedrijf, had
een kordate visie op het leven en schilderde in zijn vrije tijd.
Ze gingen in ondertrouw, de bruiloft stond al voor de deur,
toen hij op een avond met een zorgelijk gezicht vertelde dat
hij de dag daarvoor, alsof het zo wezen moest, een dringen-
de oproep voor het rekruteringsbureau had gekregen en een
aanbod voor een acuut dienstverband in Polen.

'Maar het is toch een kwestie van vrijwilligheid?' vroeg zij.

'Hm', zei hij met een smalende grijns. 'Ik kan wel nee zeggen, maar... je moet goed begrijpen... Het punt is dat de situatie in Polen op het moment erg gespannen is... het lot
van het hele Poolse volk staat op het spel en het laat ons al-
lerminst koud hoe dat afloopt... Kan ik in een lekker warm
hoekje blijven zitten terwijl er op de barricaden een verhitte
strijd wordt gevoerd? Nee, dat kan ik niet! Ja, ik stel mijn
leven in de waagschaal, maar ik kan niet anders! Ik moet nu
daar zijn, waar men mij het hardst nodig heeft... Voor het
vaderland! Het is niet anders, zo staan de zaken... Maar wee

niet bedroefd, maak je geen zorgen! Onze bruiloft wordt niet afgelast, alleen maar naar een later tijdstip verschoven! Ik zal je schrijven, ik zal je... ik zal je uitnodigen! Dan zie je Polen, andere landen! Wat zouden we blijven kniezen in dat Debaltsevo van ons!'

Ook deze verdween spoorloos.

Ook anderen verdwenen om zeer zwaarwegende redenen...

Veel later zag ze hen allemaal in blakende gezondheid terug, met vrouw en kinderen.

Ze werd ziek, lag tijden in het ziekenhuis.

Ze werd ontslagen, vertrok voorgoed naar haar dorp Ljapino, op de hoge, door een aardverschuiving gevormde kust van de zee.

Uit een toevallige relatie met een stomdronken veehoeder kreeg ze een meisje dat stom was...

Soms lopen ze naar de kleihelling.

Dan staren ze daar naar de eindeloos schuimende golven...

Optimisme

Eens was ik dichter. Je liep eens naar buiten, de tuin in, je keek eens rond en fluisterde:

Jij mooie lentetuin,
jij schone bloementuin...

Of:

Mijn wintertuin, zo wit,
in sneeuw en ijs gekleed...

Aan een buurvrouw droeg je op:

Tamara, Tomotsjka,
mijn schatteboutje...

Aan je draaibank:

Mijn houten draaibank,
je bent een broer voor mij!

Aan de bewaker:

De veteranen staan weer klaar!
Ze staan weer op hun post!

Ja, ooit was er poëzie in alles waar je je blik op wierp, alles bracht vervoering, verwondering, tranen... Maar toen was alles opeens in één klap weg... Je zat de hele nacht te lummelen en niet één regel, niet één poëtische gedachte... J

vertrok, liet je werven voor het eind van de wereld, Jakoetië,
Ojmakon...

Ojmakon, o Ojmakon,
jij, verre landstreek...

En je werd door de kou bevangen, geslagen en je viel zelf ie-
mand aan...
Maar nu ben ik eindelijk op weg naar huis...
Kaalheid... parodontose... hernia... aambeien...
Maar nee, ik geef de moed niet op! Ik geef de moed niet op
dat de poëzie nog komt, nog terugkomt!
Ik hoop het zeer en ik geloof het ook, vuile lulhannes.

Waarom?

Toen hij klaar was met zijn rangeerwerk slenterde de treinsamensteller Ivan Iljitsj Christodoelov naar de diesellocomo-
tief.

Hij voelde zich niet goed.

Links van hem ging de nachtelijke zee somber tekeer, rechts
rezen de klompen van afgeschreven wagons op en gaapten
met hun kapotgeslagen ramen.

Christodoelov klom op de dieselloc en stapte de cabine binnen. Viktor Petrovitsj Kolesnik, de machinist van de loc, legde zijn krant weg en schoof naar Christodoelov toe.

'Jij bevalt mij niet', zei hij, op hem toeschuivend en hem
in het nauw drijvend. 'Jij bent te lang aan het rangeren geweest.'

'Ik ben een beetje ziek, laat me maar', zei Christodoelov.

'In dat geval kun je een sessie slagtherapie heel goed gebruiken', zei Kolesnik, en hij trok Christodoelov de muts van
het hoofd en rukte een pluk haar uit zijn eens zo weelderige
haardos.

Christodoelov gilde van de pijn.

'Ik verzoek je de avondmaaltijd te gebruiken', zei Kolesnik en
hij liet hem los. 'Aardappeltjes, spekjes, kopje thee.'

'Geen trek. Geen honger. Beetje ziek', antwoordde Christodoelov.

'Drink dan tenminste een kopje thee. Vers gezet, Indische',
zei Kolesnik en hij reikte hem een kom aan.

Christodoelov nam een slokje, trok een vies gezicht en smeet
de thee het raam uit.

'Waarom doe je dat?' vroeg Kolesnik en hij schoof naar hem
toe en dreef hem in het nauw. 'Waarom doe je dat met Indische thee?'

'Je had er zout in gegooid. Laat me gaan, ik moet naar mijn post', antwoordde Christodoelov.

'Wat heb jij tegen zout?' vroeg Kolesnik, die tegen hem aan bleef schurken. 'Of houden yankees niet van hartig? Of ben je geen yankee meer?'

Christodoelov loeide, maakte hese geluiden, kokhalsde.

'Goed', zei Kolesnik en hij liet hem door. 'Ga maar naar die stinkende post van je. De ratten zullen je daar nog eens de neus af bijten.'

Christodoelov deed de deur open, maar Kolesnik pakte zijn broek vast, sleurde hem naar zich toe en zei: 'Ga niet naar die post, Ivan Iljitsj. Slaap bij mij. Ik zal een koningsbed voor je opmaken.'

Hij spreidde een stuk jute en oude lappen op de grond en Christodoelov ging liggen.

Kolesnik stopte de rest van zijn eten in zijn aktetas, piste vanaf de dieselloc, deed het licht uit en ging naast hem liggen. Hij droomde dat zijn vrouw naast hem lag en hij sloeg zijn armen om Christodoelov; Christodoelov droomde dat hij terechtstond voor een kapotte wagon en tot de verstikkingsdood werd veroordeeld.

'O, maar jij bent geen yankee meer, maar een Chinees!' zei Kolesnik de volgende morgen. 'Waar zijn je ogen? Jij bent zwaar verwaarloosd, broer. Je rangeert traag, puike Indische thee vind je zout en in je slaap lig je te schreeuwen en te ruften. Ik moet jou eens onder handen nemen. Zo meteen wisselen we van dienst en dan neem ik je mee naar de sauna.'

'Maar ik ga helemaal niet naar de sauna, ik ga naar huis', antwoordde Christodoelov.

'Dat ga je wel, dat ga je wel! De sauna, dat is iets. Jij weet gewoon niet wat dat is!'

En hij nam hem mee naar de sauna van het locomotievendepot, waar niet iedereen werd toegelaten, maar Kolesnik, die

door zijn activiteit voor partij en vakbond dicht bij de loco-
motievenelite stond, wel, en met hem ook Christodoelov.

Daar werd hij onwel en overleed.

Het is nacht. Er wordt gerangeerd. Rechts gaat de zee tekeer,
links rijzen de wagons naargeestig op en gapen met hun kapotte ramen.

De treinsamensteller geeft commando's, Kolesnik voert ze
werktuiglijk uit.

De nieuwe samensteller is overal goed in: hij is beweeglijk,
handig, pienter, maar toch mist hij iets.

Kolesnik mist ook iets, hij wordt gekweld door iets, hij lum-
melt maar wat rond.

Waarom heb ik hem mee naar de sauna genomen? denkt hij
en hij staart uit het raampje naar de rusteloze zee.

Tan en Tsjven

Ze leerden elkaar kennen onder de omstandigheden van een ondoordringbare jungle, prikkeldraad en giftige uitlaatgassen van de AKZP-10. Tan was badknecht, Tsjven veehoeder. Ze werden vrienden en de meer ontwikkelde Tan leerde de minder ontwikkelde Tsjven de juiste uitspraak van de zinsnede *'Ich liebe dich!'*

'Ik zie dit als een universele uitspraak,' zei Tan tegen Tsjven, in het bedompte badhokje van het badhuis, 'en ik wil dolgraag dat je die onder de knie krijgt. Probeer nog maar eens! Maar niet verkrampen, licht en vrij ademhalen!'

'Ich liebe dich', sprak een bezwete Tsjven.

'Goed zo, mooi, alleen zachter, zachter! Gevoeliger! Stel je de lotus in een maannacht voor, amper beroerd door de zwakke en tegelijk hartstochtelijke ademhaling van een briesje! En kijk daarbij niet als een wolf, want anders klinkt dat *"Ich liebe dich"* van jou als "Halt of ik schiet!" Snap je?'

'Ik snap het', antwoordde een doorweekte Tsjven.

'Dan is het goed! En dan nu nog een keer!' hield Tan niet af. Wat wil hij van mij? Wat moet ik daarmee? Wat heef dat voor praktische betekenis? piekerde Tsjven droefgeestig, op een vloermat naast de slapende varkens gelegen.

Toen de agressor neergehaald was, omhelsden de vrienden elkaar, namen afscheid en vertrokken elk naar hun eigen provincie.

Nadat hij een glas rijstwodka had gedronken, begaf de gedemobiliseerde Tsjven zich naar het park, stapte op een onbekend meisje met het gezicht van een ochtendlijke orchidee af en zei: *'Ich liebe dich!'*

Het meisje slaakte een gil en maakte dat ze wegkwam.

'Hoe gaat het met je? Waarom hoor ik niks?' vroeg Tan in zijn brieven.

'Met mij gaat het goed', antwoordde de eenzame Tsjven.

Jaren gingen voorbij. Tan kroop over braakliggende terreinen, vuilnisbelten en afvalbergen en kreeg de titel van doctor van de zin *'Ich liebe dich'*, terwijl Tsjven als wasser op het bedrijf Zonsopgang werkte.

'Ich liebe dich', sprak Tan geknakt en met pijn in lege concertzalen.

'Tien, twintig, dertig', telde Tsjven de pakjes gewassen en gestreken wasgoed.

Soms zagen de vrienden elkaar, dronken een rijstwodka en haalden herinneringen op aan de ondoordringbare jungle, het prikkeldraad en de giftige uitlaatgassen van de AKZP-10. Zes jaar later verraadde het marionettenregime van het buurland de belangen van zijn volk en werden de vrienden opnieuw gemobiliseerd. Toen ze in een regio van de provincie Min de grens overstaken, werden ze meteen door de vijandelijke achterhoede opgepakt, ondervraagd en door de krijgsraad op een rietstengel in het hooggelegen Dagdromendal geplaatst.

Tan was de eerste die naar de wereld van Rust en Stilte vertrok, meteen gevolgd door Tsjven. Nee, omgekeerd, eerst Tsjven, gevolgd door Tan.

Trouwens, dat doet er niet toe.

Voorval op het telegraafkantoor

Het was een paar minuten voor sluitingstijd. De laatste klant wachtte gekweld op zijn gesprek. De telegrafist maakte de kas op. De telegrambesteller las de krant. De wind zette druk op het beijsde raam en wiegde een spinnenweb in een van de hoeken. De telegrafiste gooide muntgeld in een zwart zakje, schoof een gordijntje voor haar loket, verruilde haar afgetrapte sloffen voor stukgelopen laarzen en klaagde over hoofdpijn.

'Het zijn de magnetische stormen', zei de bezorger, zonder van zijn krant op te kijken.

'Doe niet zo dom!' zei de klant.

'Wat?' vroeg de telegrafiste.

'Het ligt niet aan de magnetische stormen. Doet u de groeten aan uw man als u die hebt', zei de klant.

'Wat heeft mijn man hiermee te maken?' vroeg de telegrafiste.

'Kameraad is wat oververhit', zei de besteller grinnikend.

'U zou uw mond moeten houden!' zei de klant. 'Een dame kwijnt weg en u zit met uw neus in de krant! En dan probeert u zich ook nog eens te verschuilen achter magnetische stormen! Schaamt u zich niet?'

De telegrafiste en de bezorger wisselden een blik van verstandhouding.

Er was verbinding en de klant liep naar een cabine.

'Zeg het maar, hier ben ik!' schreeuwde hij in de cabine. 'Ik luister! Ja! Ik snap het, u hoeft niets meer te zeggen! Het is toch ook wat!' zei hij, toen hij de cabine uit kwam. 'Ook in dat Petoesjki stikt het van de hoofdpijnlijders! De een kwijnt weg terwijl de ander doodgemoedereerd de krant zit te lezen! Ontucht met de krant bij een complete veronachtzaming van het vrouwelijk wezen. Zielige krantengasten! Conformisten! De leegte! De woestenij!'

'U hebt uw spreektijd niet opgebruikt! U krijgt geld terug!' zei de telegrafiste.

'Houdt u dat zelf maar voor een aspirientje!' antwoordde de klant. 'De woeste zeden, de achterlijke negorij! Hoort u eens, pennenlikker! Schaamt u zich dan werkelijk niet?' richtte hij zich tot de telegrambesteller. 'Naast u kwijnt een vrouw weg en u leest over lui als Rykov en Tomski.'

'Wat wilt u eigenlijk?' vroeg de besteller met toegeknepen ogen. 'Uit welk gekkenhuis bent u ontsnapt?'

'Zo is het!' zei de telegrafiste, terwijl ze haar jas van de kapstok pakte.

'Ach, het gezonde verstand, het gezonde verstand!' zei de klant grinnikend. 'Dat fameuze gezonde verstand van jullie! Helpt u die dame dan tenminste in haar jas. Narcist! Ledenpop! Krantenverslinder! U zou moeten janken, maar u speelt de vermoorde onschuld! Van wie hebt u dat geleerd?'

Toen trok er een siddering over het gezicht van de klant, hij stortte ter aarde en kreeg een stuip.

Elegie

Voor S.B.

Maar vooral hebt vurige liefde tot elkander; want de liefde
zal menigte van zonden bedekken.

Nieuwe Testament

Soerovtsev haalde een brief uit zijn zwartgeblakerde brievenbus.

'Lieve vriend', schreef Vojtsechovski, 'de reisbescheiden zijn weer binnen, ik wacht op je.'

Ze hadden elkaar in het leger leren kennen. Sindsdien waren jaren verstreken. Ze zagen elkaar heel af en toe, schreven elkaar.

De een zag het verleden als het paradijs, de ander als de hel. De een vluchtte stuiptrekkend achteruit, de ander stuiptrekkend vooruit. Soms kruisten hun wegen elkaar en vonden ze elkaar. Hun vlucht had iets mistroostigs.

Soerovtsev pakten zijn spullen en vertrok.

Vojtsechovski woonde in de hoofdstad. Uit de ramen van zijn communale flat kon je de robijnrode ster op de beroemde toren zien.

Vojtsechovski deed open. Ze omhelsden elkaar. Vojtsechovski had donkere kringen onder zijn ogen, zijn gezicht stond mistroostig: zijn jongste dochter was ziek.

'Kom verder, doe je jas uit, dan krijg je middageten.'

Soerovtsev trok zijn bontjas uit, deed zijn muts af en liep een kamer met een kamerscherm binnen.

Het was er schemerdonker. Een bleke, vrieskoude dag blikte het raam met afgebladderd kozijn binnen. Het straatrumoer klonk amper door. Het was zowel de eetkamer als de kinderkamer.

Vojtsechovski verdween achter het scherm, zonk op zijn knieën neer, luisterde naar de ademhaling van zijn in slaap gevallen dochter en streelde haar bleke hand.

'Je moet waarschijnlijk alleen', zei hij toen hij achter het scherm vandaan kwam.

Soerovtsev haalde zijn schouders op.

Vojtsechovski deed het huishouden. Zijn vrouw was op haar werk, zijn oudste dochter had college.

Hij maakte eten warm en diende dat op. Zijn bewegingen waren snel en zenuwachtig, maar hij morste niet en liet niets vallen.

'Ik heb wodka', zei Soerovtsev.

'Fijn, maar niet nu', antwoordde Vojtsechovski.

Soerovtsev keek bedrukt en tastte toe.

Hij at geremd, hield zich aan de etiquette.

'Doe maar met je handen, hoor', zei Vojtsechovski naar aanleiding van zijn gehannes met de kip.

Soerovtsev at en Vojtsechovski keek mistroostig toe. De donkere kringen onder zijn ogen leken op de jaarringen van een lang geleden omgezaagde boom.

'Hoe gaat het? Hoe is het met vrouw en kinderen?' vroeg hij.

'Allemaal prima… allemaal prima, alleen ga ik niet meer in de maïs zitten!' riep Soerovtsev in een vlaag van onverwachte openhartigheid opeens aangedaan uit.

'In de maïs?' vroeg Vojtsechovski verbaasd.

'In de maïs, ja!' antwoordde Soerovtsev uitdagend.

'Goed, daar hebben we het nog wel over, nu mag je even gaan liggen.'

Vojtsechovski kende Soerovtsevs zwak voor een rustpauze na het middageten.

Gekwetst dat Vojtsechovski niet verder inging op die maïs, bedankte Soerovtsev koeltjes voor het onthaal, ging naar de wc en liep door de smalle gang naar de andere kamer.

Het was er schemerdonker. Het rook er naar boeken en naar de meubels die Vojtsechovski in jaren van armoede en omzwervingen van de vuilnis had gehaald. Een robijnrode ster straalde bleekjes in het hoge raam met de afgebladderde verf. Van boven was de stad net een gigantische diepvriestaart.

Natuurlijk, hij woont in de hoofdstad, in het centrum, verstaat zich met professoren, wat moet hij met mij? Hij wou niet eens wodka met me drinken, dacht Soerovtsev en hij ging op de bank liggen.

Vojtsechovski deed de vaat, veegde overeenkomstig de corveelijst de algemene keuken aan en nam een kijkje bij Soerovtsev. Die sliep. Hij legde een plaid over hem heen en liep de kamer uit. Op de gang vroeg een buurvrouw of zijn bezoek misschien zo slordig naar de wc was geweest. Hij antwoordde: 'Dat is uitgesloten. Het is een intellectueel.'

Hij zette thee van eucalyptusblad. Hij verdween achter het scherm, zonk op zijn knieën neer en luisterde naar de ademhaling van zijn dochter. Hij deed snel een jas aan, ging op een holletje een voedselpakket halen. Toen hij op een holletje terugkwam, was zijn dochter in tranen.

'Wat is er?'

'Ik droomde dat je onder een auto was gelopen.'

Hij probeerde haar gerust te stellen, af te leiden, las hardop *Dode zielen* voor.

Ze gorgelden hun keel, namen een drankje.

Zijn vrouw belde, het werk liep uit. Zijn oudste dochter belde, ze ging na college bij een vriendin langs.

Achter de muur hield een bekende schrijver een sombere oratie op de radio, daarbij toespelingen op één of andere wereldwijde samenzwering makend.

De loodgieter kwam, keek naar de afvoer en zei dat ze iets moesten ruilen, maar ze hadden niets om te ruilen, maar als…

Hij gaf een vijfje, de man ging een nieuwe afvoer halen.

Hij kwam achter het scherm, zijn dochter in tranen.

'Wat is er gebeurd?'

'Waar blijft mama zo lang?'

'Ze moet overwerken.'

'En als ze nu eens een ijspegel op haar hoofd krijgt?'

'Mama weet dat ze niet onder de ijspegels moet lopen.'

'En waar is Vika? Waar blijft die zo lang?'

'Vika is bij een vriendin langs.'

'En als ze nu opeens door hangjongeren wordt aangevallen?'

Hij probeerde haar gerust te stellen, haar af te leiden, las haar voor uit een folkloreboek: '… en de beer begon de man te slopen en te verbouwen en zijn kont leeg te vreten.'

Zijn dochter begon meteen te gieren van de lach: 'Staat dat er zo?'

'Kijk maar, alleen niet tegen mama zeggen dat ik je dat heb voorgelezen!'

Soerovtsev werd wakker, ging naar de wc, hoorde schaterlachen en nam een kijkje: met hun armen om elkaars nek geslagen gierden Vojtsechovski en zijn dochter het achter het scherm uit. Rare lui, ze zijn op sterven na dood of ze gieren het uit, dacht hij en richtte zijn schreden weer naar de bank.

Er was niets raars aan: als zijn dochter ziek was, was Vojtsechovski op sterven na dood, als ze opknapte, herrees hij met haar.

De loodgieter kwam met een nieuwe afvoer en vroeg hem te helpen de flenzen te plaatsen. Dat deed hij. Toen hij achter het scherm kwam, lag zijn dochter te bibberen.

'Wat scheelt eraan?'

'Hij gaat je toch geen kwaad doen?'

'Wie?'

'Die man die net om het hoekje keek.'

'De loodgieter? Ben je mal! Een doodgoeie man! Hij vertelde me een leuk verhaal, alleen niet aan mama vertellen!'

Hij verzon ter plekke een scabreus verhaal en hoe scabreuzer het werd, hoe harder zijn dochter moest lachen. Alles eindigde weer in gezamenlijk geschater.

De loodgieter vertrok, maar was meteen weer terug: hij had zijn horloge in de badkamer laten liggen. Ze zochten alles af, maar geen horloge.

'Ik heb mijn horloge hier neergelegd! Zonder horloge ga ik niet weg!'

'Goed, wat was het er voor een?'

'Nou ja... een Raket...'

'Hoeveel kost zo'n ding?'

'Nou ja, hij was niet nieuw... een tientje...'

Hij gaf een tientje en de man vertrok.

Zijn dochter lag te bibberen achter het scherm. Soerovtsev sliep, buiten was de lege hemel bevroren.

Zijn oudste broer kwam, at een hapje, stak een sigaret op en zei: 'Ik vind het walgelijk bij jou. Jouw stuiptrekkingen wekken mijn weerzin. Het leven heeft zijn cellen voor niets aan jou gespendeerd. Ik had beter twee keer kunnen leven.'

Ze hadden de nachttrein. Vojtsechovski aarzelde tot het laatste moment. Eindelijk liet hij zich door vrouw en oudste dochter overhalen en pakte zijn spullen. Zijn inpakken had veel weg van een vlucht. De spullen werden wanordelijk in een koffer gegooid. Zijn vrouw en oudste dochter durfden zich er niet mee te bemoeien en hielden zich erbuiten. Ze spraken op fluistertoon. Zijn vertrek werd voor zijn jongste dochter diep geheim gehouden. In luttele minuten was hij reisvaardig. Nadat hij met zijn knie het deksel van de opge-rolde koffer had dicht geduwd, gaf hij zijn vrouw een paar laatste aanwijzingen en hulde zich in een volstrekt afzichtelijke lange winterjas vol lappen en vlekken. Van boven deed hij een felgroene sjaal om, wat hem een onverwacht mal en extravagant voorkomen gaf.

Waar is die maskerade goed voor? dacht Soerovtsev.

Hij zou nooit in zo'n uitmonstering de deur uit durven.

Hij droeg een keurige nepbontjas en een nieuwe muts van moerasbever, zijn broek was keurig gestreken en zijn verzoolde hoge schoenen blonken.

'Jij bent netjes gekleed... als een dode', zei Vojtsechovski.

Soerovtsev kon geen tegenaanval vinden, haalde zijn schouders op en keek bedrukt.

Ze sleepten zich met hun koffers naar de ondergrondse oversteek. Zo laat op de avond was het harder gaan vriezen, het was uitgestorven op straat, alleen bij Natsional stond een bosje onopgepakte prostituees te blauwbekken.

Toen ze langs ze heen liepen, dacht Soerovtsev aan zijn nieuwe muts van moerasbever.

'Je hebt een geweldige muts, maar wel een die hier absoluut geen zoden aan de dijk zet', zei Vojtsechovski.

Dikwijls kon Soerovtsev wensen en gedachten lezen.

In de trein legde Soerovtsev zijn muts naast zich neer en viel meteen in slaap, terwijl Vojtsechovski bijna de hele nacht zijn hart aan een medereizigster ophaalde.

Soerovtsev werd wakker, hoorde hun gefluister en dacht: 'Waar kun je zo lang over zitten smoezen?'

De volgende morgen waren ze in Leningrad.

Voor het uitstappen maakte Soerovtsev zijn mohairen sjaal weer donzig, kamde zijn muts en wreef met een krant zijn schoenen op.

'Ik vind je schattig', zei Vojtsechovski.

Soerovtsev gaf geen antwoord.

Vojtsechovski nam hartelijk afscheid van zijn reisgenote maakte een buiging voor de officier die haar kwam afhalen schoot opeens opzij en verdween in de menigte. Even later dook hij weer op met een baal op zijn schouders, gevolgd door een haveloos oud vrouwtje dat woorden van dankbaarheid mummelend achter hem aan trippelde.

'Pak jij mijn koffer eens!' riep hij tegen Soerovtsev en hij zeulde de baal naar het stationsgebouw.

Het was een smerige baal, er sijpelde iets uit. Vojtsechovski zeulde hem voort met schelle kreten van 'kijk uit, aan de kant'.

Waar dient die poppenkast voor? dacht Soerovtsev.

Het loden gewicht van de twee koffers deed al zijn plechtige voorbereidingen op zijn ontmoeting met Leningrad te niet.

Vojtsechovski's gedrag shockeerde en beangste hem. Het leek hem dat deze te veel bravoure aan den dag legde in de ochtendmenigte en dat zulks tot excessen kon leiden.

Het oude vrouwtje werd in een tram gepoot.

De baal liet een vetvlek op Vojtsechovski's winterjas achter.

'Pech gehad, kom op!' antwoordde hij op Soerovtsevs voorstel om de vlek met sneeuw weg te vegen.

'Hapje eten?' stelde Soerovtsev voor.

'Waar?'

'Op het station.'

'Het stinkt op het station. *Vorwärts!*'

Vojtsechovski laveerde snel tussen de menigte door. Soerovtsev kon hem amper bijbenen. Dat gehaast beviel hem niks.

'*Vorwärts! Vorwärts!*' maande Vojtsechovski hem tot spoed. Ze kwamen bij de Nevski. Soerovtsev bleef staan.

'Wat is er?' vroeg Vojtsechovski.

'Maar dit is toch de Nevski!' riep Soerovtsev geëmotioneerd uit.

'Goed, kijk dan maar even om je heen!' zei Vojtsechovski en hij wendde zich meteen met een of andere vraag tot een Aziatische jonge vrouw die langsliep; de vraag werd gevolgd door complimenten, geestigheden – de ogen van de Aziatische begonnen te glimmen, de ochtendknop van haar gezicht brak open.

De Nevski Prospekt maakte geen indruk op Soerovtsev, hij had er meer van verwacht en was teleurgesteld.

'Ach, die meiden, laat ze de pip krijgen!' riep Vojtsechovski uit en hij liep op Soerovtsev toe, gooide het uiteinde van zijn afgewikkelde sjaal over zijn schouder. 'Wat moet ik ermee, waar moet ik heen om ze te ontvluchten! En hoe staat het met jou, goede vriend? Klaar om je weg te vervolgen?'

'Ze keek niet één keer mijn kant op', zei Soerovtsev.

'Wie? Die Aziatische? En waarom zou ze naar een dooie kijken!' vroeg Vojtsechovski lachend en hij schaterde het uit. 'Kom op!'

'Wat heb ik dan van een dooie?' vroeg Soerovtsev stuurs.

'Gewoonweg alles: je gezicht, je kleren, je gedachten! Maar ik ben ook een dooie, goede vriend! We zijn allebei dooien, alleen maak ik nog stuiptrekkingen, terwijl jij al languit ligt en steenkoud bent.'

Vooruit! Op verzoek van Soerovtsev daalden ze in een keldercafé af.

Een werkster was bezig het laatste stuk van een cementen vloer vol gaten schoon te maken, de buffetjuffrouw was brood aan het snijden. Soerovtsev bestelde *pelmeni*, zure room, thee en koek, Vojtsechovski hield het bij een glas mineraalwater.

'Deze kelder lijkt verbluffend veel op de kelder waar ik eens portwijn heb gedronken', zei Soerovtsev, terwijl hij zijn *pelmeni* met zure room wegwerkte. 'Dat was toch wel een mooie tijd!'

'Misschien wel, afgezien van alle stommiteiten en liederlijkheden. Dooreten!'

'De tijd was anders, ik was anders', ging Soerovtsev als i[n] een droom verder. 'Dan liep je zo'n kelder binnen, nam een glaasje portwijn en voerde transcendentale gesprekken met iemand...'

'En dan reed er een speciale auto voor, werd je voor je broek opgepakt en met de hele bups naar een ontnuchteringscel gebracht', zei Vojtsechovski.

Soerovtsev keek bedrukt, zijn vork schraapte over het bord.

'Ik zou je erkentelijk zijn als je mijn zielige levensweg met die kromme vork in deze kromme kelder zou afbreken', zei Vojtsechovski. 'Dooreten en doordrinken.'

Ze sloegen van de Nevski linksaf en kwamen uit op een uitgestorven plein vol wegversperringen van smerig ijs en smerige sneeuw. Er stond een gure wind, de huizen hingen als sombere rotsen over het plein heen en losten op in een kille mist. Geen bus. Vojtsechovski zette zijn kraag op en ging tegen een krantenkiosk aan rumba's en blues staan fluiten, Soerovtsev stond zwijgend naast hem.

'Jij hebt wodka, geloof ik?' vroeg Vojtsechovski opeens.

'Ja', zei Soerovtsev.

'Geef eens.'

Soerovtsev pakte de fles wodka uit zijn koffer en reikte hem Vojtsechovski aan. Deze trok het lipje eraf, haalde daarbij zijn vinger open en nam een paar slokken.

'Dan wordt het wel beter', zei hij, waarna hij de fles teruggaf en nog dieper in zijn grafjas dook.

Zelf drinken en niets tegen mij zeggen, dacht Soerovtsev beledigd en hij maakte een kurk van een stuk krant en propte die in de fles.

Nu eens ging de prop erdoorheen en dan wilde hij er weer niet in.

'Neem liever een borrel', reageerde Vojtsechovski vanuit zijn winterjas. Soerovtsev nam een paar slokken, sloot de fles af, stopte die in zijn koffer en zei: 'En toch ben ik het niet met je eens dat er vroeger geen dingen waren die deugden. Die waren er wel, die waren er wel degelijk! Denk maar eens goed na! Denk alleen maar eens aan...'

'Geen hersengymnastiek', reageerde Vojtsechovski uit zijn winterjas en Soerovtsev hield zijn mond.

De bus kwam, ze stapten in, maar Vojtsechovski kwam opeens met een ruk overeind, stapte ijlings uit en ging met zijn armen staan zwaaien om een taxi aan te houden.

De stad spreidde zich als een korte waaier uit en verdween in een nevelige rijp. Voorbij de voorsteden liep de weg tussen besneeuwde velden, bossen en slaperige dorpjes door, vervolgens rees er rechts een steile helling met vakantievillaatjes op, midden tussen de hoge, rechte dennen, en opende zich links een door ijs aaneengesmede en met sneeuw bestrooide baai.

Ze stapten uit.

'Stilte, witte woordeloosheid!' zei Soerovtsev plechtig.

'Een doodskleed en een graf als je te lang blijft koekeloeren', antwoordde Vojtsechovski.

Ze stapten het huisje binnen.

Het was er schemerdonker.

Vojtsechovski gooide zijn koffer neer en liep naar de zitkamer. Soerovtsev bleef met de koffer in zijn hand in het gangetje staan.

Vojtsechovski trok met een ruk de gordijnen open en deed ze meteen weer dicht, draaide de televisie met het scherm naar de muur en zei bij zichzelf: 'Wel, goede vriend, we zullen hier weer eens een woestijn door proberen te kruipen.'

Toen hij gewend was aan het schemerdonker, ontwaarde Soerovtsev zijn sombere gezicht in de spiegel en keek nog bedrukter.

Vojtsechovski ging in een stoel zitten, stak een sigaret op en zei: 'Televisie en radio uit, krant dicht! Voor de rest totale vrijheid. Je mag zo veel vrouwen aanslepen als je wilt en wie je maar wilt. Als er voor mij ook iets overschiet, zal ik je zeer erkentelijk zijn... Waar zit je? Kom verder, ga zitten en steek er een op.'

Soerovtsev kwam niet van zijn plaats. Hij stond aan de grond genageld. Vojtsechovski schoot overeind, liep de gang op, rukte Soerovtsev de koffer uit handen, gooide hem neer en zei: 'En nu zitten!'

Soerovtsev liep de zitkamer binnen en nam een stoel.

'Een luie stoel, een luie stoel!' riep Vojtsechovski.

Soerovtsev ging in een stoel zitten.

'Fout, fout!' riep Vojtsechovski. 'Zo zit een lakei! Ontspannen! Benen over elkaar! Jouw tijd is gekomen en jij doet net of je een debiel bent!'

'Maar ik... ben ook een debiel!' antwoordde Soerovtsev uitdagend. 'Een debiel en lakei uit de provincie! Ja! En jij... jij woont in Moskou, in het centrum! Jij verstaat je met professoren!'

'Jij bent inderdaad een debiel, ja!' zei Vojtsechovski en de donkere kringen onder zijn ogen tekenden zich nog scherper af.

Soerovtsev sloeg zijn ogen neer en zweeg.

Vojtsechovski barstte opeens in lachen uit en zei: 'Wat raaskal je nu, vuilak? Kom ik soms niet uit hetzelfde hol gekropen als jij? Weet je dan niet waar ik tevoorschijn gekropen ben en hoe? En zie je dan niet hoe ik verder kruip? Moeten we dan nu als ratten het zinkende schip verlaten? Moeten we aan meditatie gaan doen en in een nostalgische zoutpilaar veranderen? Moeten we kraaltjes gaan rijgen?'

Soerovtsev sloeg de handen voor het gezicht en zweeg.

Vojtsechovski schoot overeind en brulde opeens met de rotstem van hun legercommandant: 'Ophouden met zwerven en zwalken! Koppen dicht! Borst vooruit en handen ervoor!

Linkeroor hoger dan rechter! Koppen dicht! Locatie bekijken!' Met deze woorden zwaaide Vojtsechovski de deur naar de slaapkamer wijd open en riep: 'O, maar we hebben hier een alkoof! Goede vriend, moet je toch eens kijken! Zijde, wandtapijten, brons! Nee, dit is een duidelijke provocatie! Kun je met zo'n alkoof de echtelijke trouw bewaren? Een sponde, een echte sponde!' Vojtsechovski sprong op het weelderige tweepersoonsbed, rolde er in zijn mottige winterjas overheen en begon te schaterlachen.

Soerovtsev stond op de drempel en zag zijn vriend met een gekwelde glimlach aan.

'En kijk eens naar de andere slaapkamer!' riep Vojtechovski.

Soerovtsev ging kijken – die was kleiner en eenvoudiger.

'En? Ook een alkoof?' vroeg Vojtsechovski.

'Nee', zei Soerovtsev.

'Dan zit jij daar! Maar als je een vrouw meeneemt, is de alkoof van jou!' Vojtsechovski rekte zich opeens uit, legde zijn handen op zijn borst, deed zijn ogen dicht en zei: 'Afgelopen, uitepetuit. De neet Vojtsechovski vliegt de aerodynamische schoorsteenpijp uit.'

Soerovtsev keek vanaf de drempel toe, voelde zijn vermoeidheid, zijn uitgeputheid en het verlangen om zo snel mogelijk alleen te zijn, naar bed te gaan en vergetelheid te vinden in de slaap.

'Waarom zeg je nu niks?' riep Vojtsechovski. 'Roep eens iets tegen me door de schoorsteenpijp! Heb je me dan niets als afscheid toe te voegen? Begin plechtig en droefgeestig en eindig met uitgelezen scheldwoorden en een fluim! Zeg je niets? Nou ja, de ballen dan! Vaarwel, goede vriend! Hou van mij, zoals ik van jou hou!' zei Vojtsechovski en hij begon te zoemen en te janken, om daarmee zijn afscheidsvlucht door de schoorsteenpijp uit te beelden...

... de een lag stuipend en bluffend voor weer een woestijn,

de ander werd steeds meer een dode, vol heimwee naar de dagen van weleer en met maar één wens – eindeloze slaap en rust...

Ze dronken ieder een glaasje en gingen ieder naar hun eigen kamer.

Buiten daalden traag de grote sneeuwvlokken neer, als aan een draadje, ze daalden neer, bleven even hangen, alsof ze nadachten of ze wel verder zouden dalen, gleden langs de colonnes dennen, versierden een donzige spar, legden aan op een zwartgeblakerde kabelspoel, verdwenen spoorloos in de donkere put rond een verwarmingsbuis.

Soerovtsev ging op bed liggen en dacht dat het hier natuurlijk wel heel mooi was, maar dat er niets was dat zijn hart verwarmde, alles was daarginds achtergebleven, in het verleden, waar geen terugkeer heen zou zijn, Vojtsechovski zou weigeren hem aan te horen en te begrijpen, en die nieuwe muts van moerasbever – was fictie en bedrog...

Hij viel snel in slaap, terwijl Vojtsechovski lang lag te woelen, opsprong, mompelend ronddwaalde en eenzaam drukte bleef maken...

... en Soerovtsev kreeg een visioen: onder de verzengende stralen van de zon lag een levenloze woestijn en door die woestijn, helemaal afgedraaid, vol schaafplekken en verse wonden, kroop Vojtsechovski, zijn ogen etterden en traanden, hij kroop voort, bleef liggen, huilde en kroop verder, kroop verder en mompelde iets, iets onverstaanbaars, iets Ib...l...Elo...SchmaS...abo...mo... terwijl aan alle kanten, onder die brandende zon, de sappige weiden liggen met daarin mensen in worstelpakjes die zich vetmesten, die grote hoeveelheden sappig gras opeten en dampende hopen achterlaten, die toernooien organiseren en daarvan uitrusten, die achter vlinders aan jagen en deze de vleugels uittrekken en van deze vleugels portretten maken.

Vojtsechovski maakte Soerovtsev wakker en stelde hem voor eens uit het raam te kijken. Soerovtsev keek uit het raam en zag mensen in sportplunje die hun tenten tussen de datsja's en de blinde muur van het huishoudelijk gebouw hadden opgeslagen: sommigen zaten om een kampvuur, anderen zwaaiden heen en weer aan een touw dat om een den was gebonden en lieten zich met een kreet in de sneeuw ploffen, weer anderen waren een stukje opzij geconcentreerd aan het oefenen met een geweer op een schietschijf, drie weldoorvoede kerels zaten achter een schaterlachende meid met grote borsten aan, gooiden haar in de sneeuw, deden haar armen wijd en bepotelden haar. Tussen de volwassenen door schoten tieners en kleine kinderen heen en weer.

'Ze lopen al meer dan twee uur te krijsen!' zei Vojtsechovski.

'Wie zijn dat? En waarom hebben ze vuurwapens? En waarom zijn er kinderen bij?'

De donkere kringen onder zijn ogen kopieerden de contouren van zijn ogen en leken zelf wel ogen.

'Wij hoeven ze niet op te voeden', antwoordde Soerovtsev, terwijl hij met toenemende opwinding de scène van de meid met de kerels gadesloeg: na een korte adempauze werd de klopjacht hernieuwd, ze kregen haar achter de zwartgeblakerde kabelspoel te pakken en legden haar weer als een kruis in de sneeuw.

'Maar zo beginnen de ergste dingen!' riep Vojtsechovski uit en de donkere kringen onder zijn ogen zwollen op en begonnen te pulseren. 'Zo begint het fascisme! De een krijst en de rest kijkt toe! Als ze tot bezinning komen, is het te laat, dan ronken de ovens al!'

'Je overdrijft', zei Soerovtsev, zonder zijn ogen van deze mise-en-scène van een groepsverkrachting af te houden en aan extreme opwinding ten prooi. 'Ze maken wat herrie en ze gaan weg.'

'Jouw plaats is daar! Bij hen!' riep Vojtsechovski en er trok een siddering over zijn gezicht.

Hij gooide zijn winterjas om en liep naar de verzameling mensen.

Straks vermoorden ze hem, dacht Soerovtsev ongerust en geïrriteerd en hij begon zich aan te kleden.

Hij kleedde zich langzaam aan, in de hoop dat de gebeurtenissen zich vanzelf zouden oplossen, zonder zijn bemoeienis.

Toen hij zijn schoenen aandeed, ontdekte hij dat een van de schroeven van de zool van zijn rechterschoen loszat en aangedraaid moest worden.

De deur sloeg wijd open, Vojtsechovski stapte binnen, gooide zijn winterjas op de grond, schaterde het uit en zei: 'Ze hebben me niet vermoord! Ik kreeg eigen stook en die heb ik opgedronken!'

Hij kreeg een toeval.

Na de toeval was hij stil en mistroostig, vroeg Soerovtsev op de rand van zijn bed te komen zitten en zijn hand vast te houden, deze kwam bij hem zitten, pakte zijn warme hand vast, luisterde naar zijn verwarde klaagzang, keek uit het raam en dacht aan de schroef van zijn rechterschoenzool, aan de achtervolging en kruisiging in de sneeuw van zonet, aan het te zachte weer dat verhinderde dat hij de verdienste van zijn nieuwe muts ten volle kon waarderen en vervolgens sloeg hij gewoon de slaperige val van de sneeuw gade die als laagjes verbandgaas de diepe wonden van het landschap na de mishandeling van die middag door de rare oploop toedekte... Het dikke touw was gewoon aan de den blijven hangen en dit tussen de fladderende sneeuwvlokken hangende touw had iets naargeestigs, dreigends en walgelijks... Ze liepen naar de baai...

De wazige horizon leek met Oost-Indische inkt aangebracht, de wind jankte klaaglijk in de gebroken dennen.

'Hij jankt als een koor overgeschoten vrouwen', zei Vojtsechovski.

'Vroeger hield ik van de wind', luidde Soerovtsevs peinzende reactie.

'Wanneer?' vroeg Vojtsechovski.

'Wanneer? Lang geleden... toen ik jong was...'

'Je had toen je jong was beter van de meisjes kunnen houden. Kom, we gaan hier weg, het waait in mijn gulp', zei Vojtsechovski en hij zette de kraag van zijn winterjas op.

'Er ligt daar iets ronds en donkers', zei Soerovtsev en hij wees op een donkere vlek tussen het grauwe pakijs.

'Een wak waarschijnlijk...'

'Een wak? Ziet er niet uit als een wak... en als het nu opeens geen wak is?'

'Dan is het geen wak, maar industrieel afval, stookolie, smeerolie, een autoband! Kom op!'

'Ik ben het niet helemaal eens met een dergelijke... lezing', zei Soerovtsev, terwijl hij in de invallende schemering strak naar de vlek bleef staan turen, 'en ik ben sowieso tegen eenzijdig op de wil gebaseerde duiding van natuurverschijnselen en het degraderen van hun geheimen tot een alledaags nihilistisch niveau... Natuurlijk, het wemelt van de ordinaire vlekken die geen bijzondere aandacht verdienen, maar in het onderhavige geval...'

'Meen je dat echt of hou je me voor de gek? Kom op, Seneca, laten we liever thee gaan drinken', viel Vojtsechovski hem in de rede en hij keerde hem de rug toe om weg te lopen.

'Laten we gewoon even gaan kijken!' stelde Soerovtsev opge-

wonden voor. 'Het is immers niet ver, een meter of tweehon-
derd, meer niet. Goed? We gaan even kijken en we controleren onze lezing!'

'Krijg jij de t... met die vlek en die lezing van jou! De mooiste
vlekken zijn de twee van de boezem van serveerster Nina! Ga
liever naar haar toe!'

Vojtsechovski liep weg.

Dan ga ik alleen! dacht Soerovtsev resoluut, maar nadat hij
even op de kant had staan trappelen besloot hij dit tot een
volgende keer uit te stellen.

De dagen verstreken. Vojtsechovsjki kroop mompelend en
huiverend de woestijn van een nieuw opusnummer binnen,
Soerovtsev sliep dag en nacht, verveelde zich, had heimwee,
luisterde naar zijn lichaam en klaagde over hartritmestoor-
nissen, tuurde naar zijn gezicht en klaagde over te vroege
rimpels en grijze haren, wreef zijn schoenen blinkend op,
bekeek de zolen, klopte zijn sjaal op, kamde zijn muts, miste
de televisie, de radio, de krant, etc.

'Het is hier natuurlijk erg mooi en ik ben je zeer erkentelijk
voor het feit dat je mee hebt genomen, maar toch vind ik
het droevig dat ik niet meer ten volle van het landschappe-
lijk schoon kan genieten, dat er sprake is van een enorme
afstomping van de zintuigen en van de ervaring van sneeuw,
van de schemering, van de wind, van de sparren en allerlei
andere bomen, van de ochtendzon en van de nachthemel,
van de vogels en van de dieren des velds', klaagde Soerovtsev
onder de avondthee.

'En de mensen?' vroeg Vojtsechovski.

Soerovtsev verzonk in gepeins en gaf geen antwoord.

'Zoek bezigheid', adviseerde Vojtsechovski. 'Je had toch plannen, ideeën – doe daar dan wat mee. Nu zit je urenlang naar
je muts te staren om vervolgens te gaan zitten klagen.'

'Ik voel me leeg van binnen...'

'Bij mij klotst het anders ook niet over de rand. Gewoon beginnen, met Gods hulp komt er dan misschien iets van... Geen woest stuk grond of je kunt er een bloemetje uit helpen opbloeien, als je dat wilt, en met datzelfde bloemetje kun je, al is het maar een beetje, het algehele beeld van somberte, koude en verloedering opfleuren...'

'Misschien heb je gelijk, alleen is mijn lied inmiddels wel uit-gezongen!' riep Soerovtsev geëmotioneerd uit en hij keek be-drukt. 'Alles is dood! Alles is daarginds achtergebleven!'

'In de maïs?' vroeg Vojtsechovski grinnikend.

'In de maïs, ja, zeg dat wel!' riep Soerovtsev uitdagend uit en zijn ogen versmalden zich.

'En wat is daar dan achtergebleven, in die maïs van jou?' vroeg Vojtsechovski spottend, zonder acht te slaan op de woeste aanblik die Soerovtsev bood.

Soerovtsev sloeg de ogen neer en verzonk in gepeins...

... de hitte van een zomermiddag. Het zilveren steppegras schittert. De verdroogde bloemen en het verdroogde gras ritselen en geven een bedwelmende geur af. De maïs staat daar als een angstaanjagende muur. Angstaanjagend steken de knoppen uit de kleurige haren. Zinderende hitte. Een maïsvliegtuig zit tegen de bakoven van de hemel geplakt. Hij is in een maïswalm terechtgekomen, kan niet van zijn plaats komen, de piloot stikt en smoort. Een briesje beroert de maïs, het begint angstaanjagend te ruisen en dan is er weer de stilte en de zinderende hitte. Je kijkt naar alle kanten om je heen, je loopt het maïs in, je gaat even aan de oever zitten. Het is stil en angstaanjagend op de bodem van de maïszee. Doods liggen daar de groene schaduwen. Van alle kanten staan de groene maïsbeenderen om hem heen. Er komt een grafkou en een grafdonkerte uit een scheur in de aarde. Een dode maïs-vlinder trilt aan de rand van de scheur in de on-deraardse wind. Een spinnenpoot komt uit de scheur, tast

blind rond, stuit op de vlinder, haakt die vast met een haak-
je en sleept die de scheur in. Wanneer gaat het beginnen?
Vluchten, weg van hier! Zachtjes dwarrelt een angstaanjagende maïsschurft van boven neer. Zijn teen is een netwerk
van kleine puntjes stof. De gele kop van een zweertje bij de
nagel. Ergens langs de teen kruipt een smaragdgroen insect.
Je pakt een stokje, dirigeert het insect naar de zweer – laat
maar kriebelen. Dan draait het insect zijn kop, doorboort je
met een angstaanjagende blik – je laat het stokje vallen, doet
je ogen dicht... maar daar gaat de eerste rilling door je lijf,
transpiratie, zweet, een stroomstoot schudt je van top tot
teen door elkaar, nog een stoot, de aarde zindert onder je voeten, de scheur gaat open, op een afschuwelijke diepte draait
iets rond, er klopt iets, onder kolkende modder en bellen, het
vliegtuig raakt los van de hemel, valt met gejank, ontploft –
weer schudt een stroomstoot je lichaam door elkaar, alles om
je heen verliest zijn contouren en je begint te vallen naar een
zoete duisternis... Maar dan is alles afgelopen, de hitte, de
zindering, het smaragdgroene insect kruipt langs een groen
been naar de bakoven van de hemel, je kijkt om je heen, je
kijkt – vlak bij de nu donker en droog geworden heuvel van
gisteren rijst een verse, er kringelt rook omheen, de top is
versierd met meloenpitten, tomaatnerven – ze kronkelen als
een serpentine, stijgen omhoog, lossen op in de rookwalm,
de eerste groene vlieg verplaatst zich van de zinderende hitte
naar de verse top, gevolgd door andere...

... maar daar vertelde Soerovtsev niet over. Anders dan
Vojtsechovski hield hij schaamtevolle en intieme dingen liever geheim.

Vojtsechovski vertelde wel veel over zichzelf aan Soerovtsev,
met de intiemste details, zijn ontboezemingen hadden dikwijls het karakter van een bekentenis en deden een beroep
op een begripvol en barmhartig hart.

'Ik word je gijzelaar', grapte Vojtsechovski eens.

Een andere keer, in het toilet van het stationsgebouw van Leningrad, stelde hij Soerovtsev voor om zijn biograaf te worden.

De een rukt zich de kleding, grime en huid van het lijf en holt de dodelijke woelingen tegemoet, de andere barricadeert zich dag in dag uit, onvermoeibaar, nauwgezet, paal voor paal, met dikke platen, en begrijpt maar niet waarom de koude met de dag erger wordt, de duisternis dichter en de ademhaling steeds moeilijker...

De dagen verstreken. Vojtsechovski kroop door zijn woestijn, Soerovtsev bleef een gat in de dag slapen, nostalgisch doen, dingen missen, verlangens koesteren en klagen over de leegte in en om hem heen.

'Je mag me een maniak vinden, of wat je maar wilt, maar ik geloof dat jij de hulp moet zoeken van een vrouw', zei Vojtsechovski.

'Van een vrouw? Wat moet ik met een vrouw?' vroeg Soerovtsev, terwijl hij grinnikend het raam uit keek.

'Nou ja, dan weet ik gewoon niet wat ik tegen je moet zeggen... Grote mannen, mensen waar jij en ik niet aan kunnen tippen, zoeken als ze het even moeilijk hebben steun bij een vrouw... Ik vind het doodeng om je advies te geven, straks wurg je me nog 's nachts, en toch geloof ik dat alleen een vrouw jou nu over het dode punt heen kan helpen. Probeer het, waag het erop, straks levert het iets op. Wat denk je ervan? Als je mijn hulp nodig hebt, mijn advies, met alle plezier.'

'Ik weet niet... misschien... ik weet het niet', zei Soerovtsev, nog steeds uit het raam kijkend.

'Ben je bang?'

'Ik weet niet... misschien wel...'

'Ben je bang voor de gevolgen? God verhoede dat natuurlijk, maar beter wat voor gevolgen ook dan je huidige toestand.

Ben je bang voor de zonde? En is het dan geen zonde om er als een dode bij te lopen? En God... God helpt, vergeeft, we mogen hopen dat hij niets heeft van een denker met smalle wolvenogen. Ben je bang de echtelijke trouw te schenden? Maar ik betwijfel ten zeerste of jij met deze aanblik wel lief voor je vrouw bent. Waag het erop, probeer het! Ik roep je helemaal niet op tot iets wat in de wandeling ontucht heet! Ik hoop dat je begrijpt dat ik daar helemaal geen hoogvlieger in ben. God ziet dat ik geen adelaar ben, alleen maar een zielig kriebelbeestje dat zich tegen de vrouwelijke warmte aan vlijt. Voor mij geven alleen vrouwen en kinderen nog enige zin aan deze wereld. De hele rest is één grote belediging en misvorming. Mannen deformeren de wereld, dienen de ideeën en zelfs zonder feitelijk impotent te zijn zijn ze het toch, omdat ze hun natuurlijke verantwoordelijkheid tegenover het leven hebben verloren... Ik verveel me en word verdrietig in hun gezelschap, hoe briljant ook, zoals het heet... Er zijn natuurlijk uitzonderingen en jij bent er een van... Misschien zit ik er helemaal naast om te proberen jou iets aan te raden... ik weet het niet... Ik wil helemaal niet pretenderen dat ik de waarheid in pacht heb en toch geloof ik dat alleen een vrouw je uit deze penarie kan halen, je kan redden... Ik wil helemaal niet aan heilige dingen van je komen, aan wat jij met zo veel emotie en zo veelbetekenend "maïs" noemt, maar ik geloof wel dat jij daar te lang bent blijven zitten, daar in dat...'

Vojtsechovski bleef opgewonden doorgaan en hoe opgewondener hij praatte, hoe meer Soerovtsev aan verstarring ten prooi viel. Hij begreep niet meer waar het over ging, Vojtsechovski's stem werd een stuk glas dat rinkelde tussen ander glas, en alles om hem heen veranderde in glas: de kamer, de vensterbank, de bomen voor het raam, de sneeuw en de baai, met zijn dodelijke glans onder een maan van glas...
Het mistte die dag.

Soerovtsev zat in zijn luie stoel uit het raam te kijken.

Vojtsechovski stapte binnen.

'Ik kom even bij jou liggen', zei hij en ging op de bank liggen. Nadat hij Soerovtsev de slechtste kamer had toegewezen, bracht hij al zijn vrije tijd in deze smalle, doorrookte slaapkamer door, soms ook de nacht.

'Mist... ooit hield ik van dit soort dagen', zei Soerovtsev en hij spande zijn zenuwen in afwachting van de gebruikelijke antinostalgische sneer, maar om een of andere reden zei Vojtsechovski niets.

Gek... zou hij het soms niet hebben gehoord? dacht Soerovtsev, die de eigenaardigheden van zijn stem kende.

Zijn stem was soms zo zacht en dof dat mensen hem van vlakbij niet hoorden.

Toen hij eens iets over Demosthenes had gelezen, had hij een poging gedaan om zijn stem te trainen, maar zonder succes.

'Mond wijder open', had Vojtsechovski hem geadviseerd.

'Mistig vandaag!' zei Soerovtsev, met stemverheffing en zijn mond wijder open.

'Je hebt gelijk', reageerde Vojtsechovski. 'Zo mistig dat je wel kunt janken. Ik kruip nu al zoveel dagen door de mist en geen enkele opklaring.'

Soerovtsev stond op uit zijn stoel, beende de kamer door en zei: 'Ik heb besloten iets met die vlek te doen, maar de mist zit me vandaag dwars... Die vlek heeft iets, iets wat me intrigeert. Ik probeer via dat ding mijn draai te vinden.'

'Over welke vlek heb je het?' vroeg Vojtsechovski.

'Dat ding dat jij voor een wak aanzag.'

'Probeer maar', zei Vojtsechovski met een geeuw.

'Ja, ik probeer het!' antwoordde Soerovtsev, die de geeuw wel opmerkte, uitdagend. 'Ik probeer het! Alleen de mist zit me dwars!'

'Geeft niks, die trekt wel op... leg mijn jas eens over me heen als je wilt', verzocht Vojtsechovski. 'Ik ben ziek, goede vriend en niet zo'n beetje ook...'

Soerovtsev legde de winterjas over hem heen en ging weer met zijn gezicht naar het raam zitten.

Alles was in mist gehuld.

De een zat voor het raam mistroostig naar de mist te staren, de ander lag zwaar te ademen en te mompelen onder zijn winterjas...

Hij ligt te mompelen, dacht Soerovtsev, hij vraagt niet verder naar die vlek. Verliest hij dan zijn belangstelling voor mij? Is dat dan het einde?

Hij werd doodsbang.

Eindelijk reageerde de woestijn op het kabaal van het hart en schreef Vojtsechovski koortsachtig aan zijn finale, terwijl Soerovtsev steeds vaker naar de baai liep om naar de donkere plek tussen de ijsbanken te kijken.

'Wat heb jij toch met die... vlek?' vroeg Vojtsechovski eens, terwijl hij op de bank in Soerovtsevs kamer uit lag te rusten.

'Ik heb zo mijn vermoedens, maar kan ze voorlopig niet verifiëren', antwoordde Soerovtsev. 'Je zou er wat dichter naartoe moeten lopen, even gaan kijken. Zullen we dat anders eens doen?'

'Laat mij er alsjeblieft buiten, ga zelf maar kijken! Het ijs is sterk, er lopen vissers op, gisteren liep er een vrouw over de baai – waar ben je bang voor?'

'Hoe kom je erbij dat ik bang ben? Misschien vind ik het zonde van mijn schoenen, dat ik ze ophaal aan dat ijs, terwijl ik me blauw heb moeten betalen om ze te krijgen!'

'Dan trek je die van mij aan!'

'Ik durf ook wel op die van mij!' riep Soerovtsev en hij verbleekte.

'Als je gaat, zul je zien dat die kostbare vlek van jou niets anders is dan een doodgewoon wak, en dan ook nog eens gevormd door afvalwater en uitwerpselen.'

'Ik... ik protesteer!' riep Soerovtsev en hij sprong op uit zijn stoel. 'Ik verzoek je zo niet over die vlek te praten!'

'Die vlek kan me niks verdommen, ik heb met jou te doen. Je mag me wurgen, maar ik geloof dat je niet naar die vlek moet, maar naar een psychotherapeut. Misschien kan die je uit je verstarring halen.'

Soerovtsev beende door de kamer, liep naar het raam en zei: 'Ik heb geen medische hulp nodig. Ik denk nuchter na en heb op elke vraag een antwoord.'

'Goed, eerste vraag: wat gaat er door je heen als je van de kant naar die vlek staat te kijken?'

Soerovtsev verzonk in gepeins.

Opeens schoot Vojtsechovski overeind, holde de kamer uit, kwam terug met een fles eau de cologne uit zijn eigen kamer, wrong hem boven twee wijnglazen leeg, gaf Soerovtsev een glas en een korst brood en zei: 'Kom op! Laten we ons opfrissen!'

'Maar... we hebben cognac!' zei Soerovtsev en pakte aarzelend het wijnglas aan.

'Je kan de t... krijgen met je cognac!' riep Vojtsechovski uit en dronk zijn glas in één teug leeg, rook aan het brood en ging op de bank liggen.

Soerovtsev zette zijn glas in de vensterbank, sneed een stuk worst af, dacht even na, sneed een smaller stuk af en reikte dat aan Vojtsechovski.

'Krijg de t... met je worst!' antwoordde Vojtsechovski.

Soerovtsev keek bedrukt, haalde zijn schouders op, pakte zijn wijnglas, rook er eens aan, fronste zijn wenkbrauwen, deed zijn ogen dicht, dronk zijn glas leeg en begon koortsachtig te eten.

Vojtsechovski lag te roken en sloeg hem door de rook heen spottend gade.

'En, gaan we nog door op die vlek van jou of kan die de t... krijgen?' vroeg hij.

'Nee, laten we daar maar op doorgaan!' riep Soerovtsev uit en hij veerde op. 'Maar op voorwaarde dat jij je er anders tegenover opstelt! Ik wil het er al langs eens met je over hebben!'

Goed, doe maar net of ik mij er anders tegenover opstel. Zeg het maar!'

Soerovtsev stak een sigaret op, beende door de kamer, wierp een blik uit het raam en zei: 'Enfin, die vlek op de baai. Wat kan ik erover zeggen? Ik kan zeggen, en doe dat met mijn volle verantwoordelijkheid, dat het niet zomaar een vlek is! Je hebt allerlei vlekken, eenvoudige en ingewikkelde, toevallige en wetmatige, maar deze is bijzonder!' Soerovtsev wierp heel even een blik op Vojtsechovski en toen hij op diens gezicht geen spoor van ironie of spot las, ging hij vol pathos verder: 'Het is voor mij zonneklaar dat deze vlek niet tot de klasse der ordinaire vlekken behoort, nee! Ik heb er dagenlang naar gekeken en ben tot de conclusie gekomen dat er niet zo heel veel van dat soort vlekken op de wereld zijn! Sterker nog, het is misschien wel de enige in zijn soort. Hij heeft niet voor niets mijn aandacht getrokken! Je weet nog wel – op de eerste de beste dag van ons verblijf hier!'

'Ja, ik weet het nog, ga verder', zei Vojtsechovski.

'En nu is er voor mij geen twijfel aan dat deze vlek een van de unieke verschijnselen der natuur is! Unieke, ja! Sterker nog, hij is transcendent en heeft een universele betekenis! Het is een teken, een symbool, met een diepe filosofische betekenis die zich kan uitgieten en dingen kan grondvesten om zo te zeggen...'

'Sorry dat ik je in de rede val, maar mag ik iets vragen?' vroeg Vojtsechovski.

'Ja, graag.'

'Is het ijs op de baai glad of niet helemaal, zijn het schotsen?'

'Schotsen.'

'Zeg eens, als je wilt, kunnen die schotsen geen plooien van een lichaam zijn?'

'Lichaamsplooien? Van welk lichaam?'

'Dat van de baai.'

'Een interessante lezing, maar zij leidt ons wel af van de vlek, terwijl wij...'

'Wacht even', zei Vojtsechovski en hij sprong op van de bank. 'Stel je nu eens voor dat de baai een levend wezen is, dat het ijs zijn huid is, de schotsen de plooien van die huid en die vlek – een orgaan van die baai.'

'Orgaan? Welk orgaan?' vroeg Soerovtsev, bedrukt en zenuwachtig.

'Een oog bijvoorbeeld, of een oor.'

'Ik begrijp niet waar je heen wilt.'

Vojtsechovski kwam vlak bij Soerovtsev staan, keek hem aan en zei: 'En nu snel antwoord geven: heb jij niet het idee dat die vlek een vrouwenkruis is?'

'Vrouwenkruis?' vroeg Soerovtsev en hij wendde de blik af.

'Ja, juist!' riep Vojtsechovski. 'Geef snel antwoord!'

Soerovtsev wendde zich naar het raam en deed zijn handen voor zijn gezicht.

'Ja', sprak hij dof.

'Zitten en blijven zitten! Trouwens, ik sluit je wel op', riep Vojtsechovski en hij deed razendsnel zijn jas aan en zijn muts op, sloot de datsja af, rende de hoofdweg op en hield zwaaiend met zijn armen een Zjigoeli aan.

's Avonds dook hij weer op, helemaal onder de natte sneeuw, met twee vrouwen.

Magere scharminkels, dacht Soerovtsev, liggend op de bank en vanuit de donkere slaapkamer de gang in kijkend.

Hij had zijn eigen norm en alles wat daar maar even niet aan voldeed, vond hij lelijk en de aandacht niet waard.

Vojtsechovski zat geanimeerd te vertellen, nam de jassen van de vrouwen aan, liep bij Soerovtsev binnen en zei: 'Kom naar buiten en probeer nu eens geen dooie te zijn!'

Soerovtsev perste er met grote inspanning een glimlach uit en kwam de slaapkamer uit.

'Mijn vriend Soerovtsev,' zei Vojtsechovski, 'een man met talent. Op het moment zit hij een beetje in een dip, maar dat gaat wel over.'

Soerovtsev keek bedrukt en liet een poging tot een buiging zien.

Vojtsechovski gaf hem een zet in de rug en met zijn dode lippen beroerde Soerovtsev de vrouwenhanden.

Nadat hij de vrouwen in de zitkamer had genodigd, liep Vojtsechovski naar Soerovtsev en zei: 'Jij houdt de dames bezig, ik tover snel iets op tafel!'

'Kan het niet andersom?

'Ga naar ze toe!'

De gasten zaten ieder in een luie stoel te roken. Uit hun kleding, gebaren en antwoorden maakte Soerovtsev op dat het allebei intellectuelen waren.

Hij was bang van dat soort mensen en voelde zich in hun gezelschap geremd en gespannen.

Nadat hij even in de deuropening was blijven staan, stapte hij de zitkamer binnen, ging in een luie stoel zitten, stak een sigaret op en zei: 'De hele dag was het mistig en nu is het natte sneeuw... op die manier...'

Hij keek eens, geen spoor van ironie, van spot, ze luisterden aandachtig en hij ging verder, met meer durf ditmaal: 'Ik kom eigenlijk uit de provincie, maar ik ben wel vaak in de hoofdstad... En weet u wat voor interessante wetmatigheid ik heb geconstateerd? Ik stap in de trein en vertrek. En hoe dichter ik dan bij de hoofdstad kom, hoe kleiner mijn chef Orefjev wordt en hoe groter de schrijver James Joyce.' En Soerovtsev liet met zijn vingers het proces van het kleiner worden van Orefjev en het groter worden van Joyce zien. 'En dan nu het omgekeerde beeld: ik stap in de trein en ik rij terug naar huis. En hoe verder de trein dan van de hoofdstad komt, hoe groter mijn chef Orefjev wordt en hoe kleiner de Ierse schrijver James Joyce.' En opnieuw riep Soerovtsev de hulp van zijn vingers in. 'Natuurlijk, de hoofdstad blijft de hoofdstad, maar in de provincie kun je ook leven, vindt u ook niet?'

'Natuurlijk, natuurlijk', beaamden de vrouwen bereidwillig.

'Trouwens', zei Soerovtsev, terwijl hij rook uitblies en zijn ene been over het andere sloeg, 'de wereldberoemde regisseur Federico Fellini komt immers ook uit de provincie!'

'Maar natuurlijk', beaamden de vrouwen.

'En Bergman geloof ik ook!' riep Soerovtsev uit en hij keek angstig naar de deur, maar Vojtsechovski was in de keuken bezig: dingen aan het openmaken, snijden, neerzetten – hij hoorde het niet.

'En wij zitten dus hier, mijn vriend Vojtsechovski en ik', ging Soerovtsev verder. 'Hij neemt me vaak mee, betaalt voor me, alsof hij me onderhoudt... Het is natuurlijk niet zo fijn om dat te beseffen en te erkennen, natuurlijk voel ik me daar wel eens ongemakkelijk onder, maar dat wil helemaal niet zeggen dat ik alleen maar een klaploper ben en mijn zegje niet durf te doen! Helemaal niet! En als het om kardinale punten gaat, kan ik heel principieel zijn en tot het eind op mijn strepen blijven staan! Het vraagstuk van de tijd bijvoorbeeld! Wat is tijd? Tijd is een van de grote filosofische categorieën en daaromtrent nemen Vojtsechovski en ik een diametraal tegenovergesteld standpunt in en dan wordt het wel eens menens! Terwijl ik helemaal niet de behoefte voel om met mijn principes te koop te lopen! Ik stond, sta en blijf op het standpunt staan dat het verleden in mijn persoonlijke leven de waardevolste categorie vormt en dat de hele rest er helemaal niet toe doet, fictie en bedrog is, en ik...'

Op dat moment stapte Vojtsechovski met de hapjes binnen en sloeg Soerovtsev de ogen neer en zweeg.

Toen hij de tafel had gedekt en de glaasjes had volgeschonken, stelde Vojtsechovski voor dat Soerovtsev een toost zou uitspreken. Soerovtsev dacht diep na.

'Staan jullie mij dan toe', zei Vojtsechovski na een kwellend stilzwijgen. 'Mijn vriend, op wie ik zeer gesteld ben, zit op het moment, zoals ik al zei, een beetje in een dip, en alleen daaruit kun je zijn tijdelijke moeilijkheden verklaren. Ik wil dolgraag dat zijn depressie zo snel mogelijk over gaat, iets waaraan, daar twijfel ik niet aan, onze betoverende vrouwen het hunne kunnen bijdragen, en daarom stel ik ook voor om op jullie schoonheid te drinken!'

Alle andere toosten werden ook door Vojtsechovski uitgebracht en elke keer ter ere van Soerovtsev.

'Mijn vriend is een man met talent en sowieso geweldig', zei Vojtsechovski. 'Hij zal nog van zich doen horen en zijn woord zal de wereld doen schudden!'

Soerovtsev voelde zich gevlijd door de grof besnaarde toosten en de aandacht waarmee ze door de vrouwen werden aangehoord, maar voor alle zekerheid fronste hij zijn wenkbrauwen of grinnikte hij ironisch.

Vojtsechovski werd bij elk glaasje opgewondener, vertelde moppen, maakte woordgrappen, ging nu eens bij de ene vrouw zitten en dan weer bij de andere, streelde hen, ging tussen hen in zitten en streelde ze allebei tegelijk, ging voor hen op de knieën, liet zich aan hun voeten neervallen, streelde en kuste hun voeten, dronk broederschap, en hoe uitgelatener Vojtsechovski werd, hoe dooier Soerovtsev.

Vojtsechovski's stormachtige avances werden door de vrouwen rustig opgenomen, zonder vulgaire koketterie, en slechts uit de nerveuze trilling van hun ranke armen kon je opmaken dat zulke avonden zich niet vaak voordeden in hun leven.

Toen het al over elven was, zeiden ze dat ze nodig naar huis moesten, waarop Vojtsechovski zei dat daar geen sprake van kon zijn: het was al laat, het was beestenweer, er reden geen bussen meer.

Ze vonden het goed om te blijven, op voorwaarde dat ze naar huis mochten bellen.

Ze gingen de deur uit om te bellen, er viel natte sneeuw, het weer was zacht, Vojtsechovski sprong opeens schaterlachend in een sneeuwhoop, lag te spartelen in een berg sneeuw, de vrouwen gaven hem een hand – en hij trok ze er ook in.

Met z'n drieën spartelden ze in de sneeuw, schaterden ze het uit, Soerovtsev sloeg de scène somber gade, omdat hij wel begreep dat hij steeds meer buiten spel kwam te staan en dat het helaas amper nog mogelijk was om iets aan de situatie te veranderen...

De vrouwen gingen de telefooncel in en Vojtsechovski zei: 'Jij neemt Lena.'

Dat vond Soerovtsev niet leuk: van de twee panlatten kreeg hij de magerste toegeschoven.

Ze liepen met z'n allen naar de baai, bleven even aan de waterkant staan, liepen terug, dronken de wodkafles leeg.

De vrouwen vroegen in welke kamer ze konden slapen.

'Goede vriend, hoe kunnen wij deze niet eenvoudige vraag beantwoorden?' richtte Vojtsechovski zich tot Soerovtsev.

Soerovtsev zei niets, de vrouwen zeiden niets, de tabaksrook hing in dikke lagen boven de afgesloten feestdis, buiten ruiste de sneeuw...

Opeens schoot Vojtsechjovski overeind en schreeuwde met de akelige stem van hun legercommandant: 'Ophouden met zwieren en zwalken! Handen op je vooruitgestoken borst! Linkeroor boven het rechter! De dames gaan over tot de waterprocedures, de sukkelaar Soerovtsev ruimt de tafel af en lucht het vertrek! Na de waterprocedures gaat Lena naar de kamer rechts en Natasja naar links! Koppen dicht! *Vorwärts!*' En terwijl hij bevelen bleef geven en een legermars tetterde, dirigeerde Vojtsechovski de vrouwen naar de badkamer. Soerovtsev begon de tafel af te ruimen.

'Hou op, laat maar tot morgen staan', zei Vojtsechovski. 'Jij wou geloof ik met Natasja, ga je gang...'

Zijn gezicht en zijn stem waren droefgeestig, hij ging even in een stoel zitten, schonk de staartjes wodka bij elkaar, dronk die op, liep de kamer uit, zonk op zijn knieën voor de deur van de badkamer neer en begon Napolitaanse liedjes te zingen.

Hij zong, het water ruiste, de vrouwen lachten.

Ze kwamen nat de badkamer uit, met een badlaken om, hun vochtige borsten staken als donkere vlekken af en voor het eerst die avond voelde Soerovtsev iets van erotische spanning.

Vojtsechovski ging als een kruis op de grond liggen, de vrouwen gaven hem een hand – hij trok hen naar zich toe: ze spartelden en schaterlachten.

Wat een mooie vrouwen eigenlijk, dacht Soerovtsev, terwijl hij vanuit de zitkamer toekeek en zich ternauwernood kon bedwingen zich bij hen aan te sluiten.

Vojtsechovski bracht de vrouwen ieder naar hun kamer, liep naar Soerovtsev toe en zei: 'Uw dame is gereed en wacht op u, weest u zo goed om haar niet te weigeren.'

Hij duwde Soerovtsev naar zijn kamer en liep naar die van hem, van waaruit meteen een explosie van gelach opklonk.

Ze zullen toch niet om mij lachen? dacht Soerovtsev, voor zijn deur staand.

Hij voelde een huivering en een verlangen, maar de angst was groter en hij liep naar de zitkamer en ging op de bank liggen.

Tot twee keer toe liep hij naar de deur en weer terug naar de zitkamer.

Hij lag in het donker op de bank, zijn hart ging als een razende tekeer, zijn gedachten waren verward.

Opeens ging de deur open, kwam er pijlsnel een vrouw in een laken naar de bank gelopen die Soerovtsev ruw en nerveus de kleren van het lijf begon te rukken, hij probeerde iets te zeggen maar zijn poging werd gesmoord in zo'n diepe en lange kus dat hij bijna stikte...

Zonder morren gaf hij zich over aan de macht van de nerveuze, trillende en ongewoon sterke armen, benen, lippen...

Ik ben... een wees... probeerde hij in een korte pauze weer eens, maar opnieuw werd zijn monoloog gesmoord door borende lippen...

De vrouw liet hem geen moment bekomen en heerste tot het ochtendgloren.

's Morgens ging ze weg en Soerovtsev barste in snikken uit.

Hij rolde zich op in zijn verfomfaaide bed, kreunde, kermde, huilde; eindelijk kwam hij, helemaal uitgeput, tot bedaren en sliep hij bijna tot de avond.

Vojtsechovski maakte hem niet wakker.

Hij ontwaakte met een verzaligde glimlach op zijn verjongde gezicht, zijn ogen glommen, hij wilde wel zingen, praten en lachen, en hij lachte, zong, schaterde, vertelde moppen, maakte woordgrappen, omhelsde Vojtsechovski, sprong in een sneeuwhoop...

Vojtsechovski vroeg nergens naar, vond het gedrag van zijn vriend vanzelfsprekend, maar zelf was hij stil en mistroostig...

De euforie duurde twee dagen, op de derde was Soerovtsev weer sip en een dooie...

'Morgen naar huis', somberde hij aan de vooravond van hun vertrek.

'Ja, morgen naar huis, maar wat dan nog?' vroeg Vojtsechovski. 'Je hebt een geweldige vrouw, kinderen – wat wil je nog meer?'

'Niets! Er is niets wat voor mij nog betekenis heeft! Alles is daar achtergebleven!' zei Soerovtsev geëmotioneerd.

'Ik begrijp dat "daar" niet en ik wil het ook niet begrijpen!' antwoordde Vojtsechovski. 'Ja, ik kan mij ook wel van die kindertranen en van dat tienergesnotter herinneren, maar er is ook nog zoiets als het heden, en de toekomst, er bestaat ook nog zoiets als liefde, en mededogen, en verantwoordelijkheid! Ik begrijp dat nostalgische gekerm niet en ik wil het ook niet begrijpen! Het is leven of dood!'

Vojtsechovski liep naar zijn kamer en kwam met een opengeslagen boek terug.

'Gisternacht heb ik liggen lezen en aan jou liggen denken', zei hij, het boek aanreikend. 'Lees dit hier maar hardop!'

Het was een bekend gezegde uit de Brief van Paulus aan de Romeinen: 'Want dit: Gij zult geen overspel doen, gij zult niet doden, gij zult niet stelen, gij zult geen valse getuigenis geven, gij zult niet begeren; en zo er enig gebod is, wordt in dit woord als in een hoofdsom begrepen, namelijk in dit: Gij zult uw naaste liefhebben gelijk uzelven.'

Soerovtsev liet zijn ogen werktuiglijk langs de regels gaan, maar las ze niet hardop voor.

'Wat zeg je daarvan?' vroeg Vojtsechovski.

Soerovtsev zweeg en keek opzij.

'In dat geval heb ik je niets meer aan te bieden!'

'Ik hoef ook helemaal niets!' antwoordde Soerovtsev, holde naar de gang en deed koortsachtig zijn jas aan.

'Ik sluit helemaal niet uit dat ik je ergens mee kan irriteren en zelfs het verlangen kan opwekken me te vermoorden, maar het gaat uiteindelijk niet om mij!' zei Vojtsechovski, met het opengeslagen boek in de deuropening staand. 'Jouw contacten met de wereld beperken zich niet tot mij en moeten zich ook niet tot mij beperken!'

Soerovtsev had zijn jas aan en sloeg de deur dicht.

Vojtsechovski holde de veranda op en riep hem na: 'Op "ja" zeg ik "ja", op "nee" zeg ik ook "ja", maar er zijn grenzen aan dat "nee" en dan zeg ik ook "nee"!'

Zonder om te kijken liep Soerovtsev in gezwinde pas de laan uit in de richting van de baai.

Het was net als de dag daarvoor een zonnige en zachte dag, de baai schitterde, maar de vlek zag er die dag somber uit en leek wel een bloedvlek, door een vers verband heen. Rondom was alles uitgestorven, slechts heel in de verte, bijna aan de horizon, waren de roerloze stipjes van vissers te zien. Het was stil, alleen de wind huilde in de den en vanuit het zonnige rijk van de sneeuwbedekte bomen op de helling klonk met stugge opeenvolging van intervallen en ritme het geklop van een specht...

Soerovtsev liep langs de waterkant en keerde terug naar de den. Hij ging in de richting van de vlek staan kijken.

Wind en zon speelden met de vleug van zijn muts en boven zijn levenloze gezicht leek deze wel te leven.

Tot tweemaal toe stapte hij op het oneffen ijs van de baai, deed een paar passen en keerde naar de kant terug.

Hij ging staan kijken.

Hij keek om: een vrouw in een nylonjas, met een gebreid mutsje, met een boodschappentas stond te kijken...

Hij liep naar haar toe, vroeg iets – ze gaf geen antwoord, glimlachte alleen...

Had ze hem niet verstaan, was ze doof? Hij verhief zijn stem, deed zijn mond wijder open, vroeg opnieuw, ditmaal vol ergernis: 'Wat staat u te kijken vraag ik. De baai te bewonderen?'

'Gewoon zomaar, ik ben op weg naar de groentewinkel, maar ik ben wat vroeg weggegaan, het is nog middagpauze', antwoordde de vrouw. 'En u? Van de huisjes, vakantieganger?'

'Ja, we gaan alleen morgen weer weg', antwoordde Soerovtsev, turend naar de laantjes met de vakantiehuisjes.

'Geen zin?' vroeg de vrouw.

'Wat?' vroeg Soerovtsev, terwijl hij naar de laantjes bleef kijken.

'U hebt vast geen zin om te vertrekken?'

'Ik weet niet... het is hier natuurlijk wel mooi, alleen doet me dat op het moment weinig.' Soerovtsev wendde zich af van de laantjes, liet zijn blik over het gezicht van de vrouw glijden en staarde naar zijn opgewreven schoenen die glommen in de zon.

'U hebt waarschijnlijk iets van narigheid?' vroeg de vrouw vriendelijk.

'Narigheid? Ik heb helemaal geen narigheid', antwoordde Soerovtsev en zijn stem begon te trillen en zijn gezicht veranderde in een frons.

'Geeft niks, alles komt goed, komt tijd, komt raad', zei de vrouw met een glimlach.

'Dooddoeners, in werkelijkheid heeft niemand iets aan iemand anders', zei Soerovtsev meesmuilend.

'Dat is ook weer waar', beaamde de vrouw en ze bleef glimlachen.

'Waarom glimlacht u?' vroeg Soerovtsev geïrriteerd. 'Iets mis met mij?'

'God, nee, ik dacht er niet aan om u uit te lachen! Gewoon, gewoonte... het zonnetje, het wordt lente... soms lach je, soms huil je – zo is het leven, je krijgt van alles op je pad...'

'Mijn lente is voorbij en komt niet terug!' zei Soerovtsev geemotioneerd.

'Dat moet u niet zeggen, hoor, u hebt nog een heel leven voor u', zei de vrouw. 'Leven, vrouwen beminnen', voegde ze eraan toe en ze schoot in de lach.

'Laten we in dat geval een eindje wandelen!' verklaarde Soerovtsev opeens doortastend.

'Wij samen?' vroeg de vrouw verbaasd. 'Met een oude vrouw?'

'U bent nog geen oude vrouw en op het moment doet dat er ook niet toe. Alleen hou ik er niet van om hand in hand te lopen. Akkoord?'

'Goed, en waar gaan we heen?' vroeg de vrouw.

'We lopen over de baai, naar daarginds en terug', antwoordde Soerovtsev en hij wees naar de vlek.

De vrouw vond het best en ze liepen over het ijs in de richting van de vlek...

Vojtsechovski liep naar buiten, deed de deur dicht en liep snel het paadje uit. Hij kreeg tranen in zijn ogen van het scherpe licht. Hij liep naar de baai, zette zijn kraag op, leunde tegen de den.

Soerovtsev keek om, zag Vojtsechovski staan en wenkte hem, maar hij reageerde niet.

'Daar staat mijn vriend Vojtsechovski', zei Soerovtsev tegen te vrouw. 'U hoeft niet verder mee, loopt u liever naar hem en zegt u... zegt u...' Soerovtsevs gezicht viel ten prooi aan een siddering, hij draaide zich abrupt om en verwijderde zich over het ijs...

Op een late lenteavond kwam Vojtsechovski een restaurant uit en strompelde over straat.

Een uur daarvoor had de première van zijn compositie *Herinnering aan een vriend* weerklonken, het was een succes geweest, en na de slopende zorgen van de organisatie en alle dingen die misgingen, had Vojtsechovski vergetelheid gezocht, had hij zich laten gaan, maar na het eerste het beste glaasje walging gevoeld, over het succes van de première en over zichzelf. Hij moest aan de baai terugdenken, aan Soerovtsev en de vlek, en hij schonk een wijnglas wodka in, dronk het leeg en verliet de genodigden voor het diner.

In een lichtgekleurde jas en met een malle lange sjaal om slenterde hij over straat, wankelde, viel jonge vrouwen lastig, noemde ze 'madam', bleef staan mompelen, vloeken en spugen, veegde zijn gezicht af met de sjaal en sjokte weer verder.

Hij passeerde de straat naar zijn huis, omdat hij voelde dat de avond nog niet uitgeput was en hij wilde er alles uit halen, het meest onverwachte desnoods.

Toen hij bij het plein kwam, zag hij een massa mensen staan en liep ernaar toe.

Het was een geïmproviseerde bijeenkomst van het genootschap De blauwe knoop, de sprekers wisselden elkaar af en schreeuwden vol heftig pathos in een megafoon over de desastreuze invloed van alcohol op mensen, de menigte was opgewonden, de gezichten bij het centrum kookten van woede en het verlangen naar directe actie.

Vojtsechovski liep langs de menigte, naar een jonge vrouw in een rode jas die bij het standbeeld van de dichter stond en gespannen de rede van de megafoon probeerde op te vangen.

'Madam,' vroeg Vojtsechovski met een buiging, 'waarom bent u hier? Waarom bent u hier en waarom staat u met uw rug naar de dichter? Vindt u het niet raar om met uw rug naar Aleksandr Sergejevitsj te staan en aandachtig naar de zielige toespraken van deze zielige lieden te luisteren? Trouwens, hoe heet u? Marina soms?'

'Marina', antwoordde de jonge vrouw.

'Ziet u wel!' Vojtsechovski schaterde het uit, gelukzalig. 'Marina, Mary! Ik zing op de gezondheid van Mary, die lieve

Mary van mij!' Vojtsechovski streelde haar gezicht, gooide het uiteinde van zijn afgewikkelde sjaal over zijn schouder en drong de menigte binnen.

Toen hij zich een weg naar het centrum had gebaand, rukte hij de spreker de megafoon uit handen en riep: 'Ik drink op de gezondheid van Mary, die lieve Mary van mij!'

De menigte begon verontwaardigd te gonzen.

'Bevalt u dat niet?!' riep Vojtsechovski, wegdraaiend van handen van mensen die hem de megafoon probeerden af te pakken. 'Vooruit, hier hebt u iets anders: we drinken tussen bloemen en rotsen, ik kijk – staat mijn glas daar leeg!'

Een goedgeklede baardaap, eigenaar van de megafoon, gaf een ruk aan Vojtsechovski's sjaal en in zijn val zei deze hees: 'Opnieuw glinsterend vanuit de beker wijn...'

De menigte verplaatste zich een klein stukje van de gevallen Vojtsechovski en de bijeenkomst werd voortgezet...

Hij werd weggehaald door een politieauto...

De dienstdoende arts constateerde een onmiddellijke dood door een aantal gebroken nekwervels.

De Berlijnse fluit

Muren, plafond, vloer, kroonluchter, meubels, schilderijen,
raam, boom, koffer, stilte.
Het linkerslot is ontwricht, in de koffer ligt alles op zijn plaats,
alleen de pot honing heeft gelekt – alles zit aan elkaar geplakt.
Ook de urolesan heeft gelekt.
De urolesan heeft gelekt, de sulfadimetoxin is nat geworden.
Misschien hebben ze het open proberen te maken.
Misschien waren ze op de geur van de honing afgegaan.

De kunstenaar roept dat het ontbijt klaar is.
We ontbeten in de keuken, met z'n drieën.
Kaas, ham, boter, groen, wijn, koffie, fruit, zoetigheid.
Hij heet Georgi, zij Monika.
Na het ontbijt ging ik liggen.

Een plafond met stucwerk, een kroonluchter aan een ketting,
een parketvloer, een groot raam, de boom voor het raam is
groen, de tafel is wit, de leunstoel zwart, het bed breed, de
bank gewoon, een grote bloem achter de bank, drie rijen
schilderijen, stilte.

Thuis is het al kil, koud zelfs, maar hier is het lekker warm,
heet zelfs.
Verkenning van de stad met een plattegrond, verdwaald,
moe geworden, gaan liggen.

De tafel wit, de fauteuil zwart, wat problemen met de stoelgang.

Een tafel, een bureaulamp, een asbak – een kopie van die
mijn schoonvader ooit had.

Daar, toen, ver weg.
We woonden daar, zijn later vertrokken.

Daar is de herfst ook droog, lekker warm, bij tijd en wijle heet, alleen verbrandt het groen daar eerder, verkoolt het in de bakoven van de metallurgische zomer.
Fabrieken, rook, lawaai, zee, steppe, heuvels, ravijnen, bosaanplantingen, steengroeven, vogels, hazen, kikkers, slangen, wespen, bijen, bloemen.

Met moeite hierheen gestrompeld, met een kater, ik dacht al dat ik het niet zou halen, maar ik heb het gehaald, op mijn tandvlees.
Maakt niet uit, het mocht wat.
Het mocht wat, het zal wel.
Al vijf dagen lang geen stoelgang.
Mijn gezicht is dat van een dode.

Georgi stapt binnen, vraagt of ik meelunch, of ik niet ziek ben, niet iets nodig heb.
Na de lunch gaan liggen.
Hij komt uit Georgië, was hier uitgenodigd voor een tentoonstelling, is niet terug naar huis gegaan, ze hebben het daar op het moment niet zo op kunstenaars.

Een kinderlach, dat is Katarina, de dochter van Monika's oudere broer, Georgi past op. Bouwvakkers maken een steiger bij het huis aan de overkant van de weg.

Een hardloopwedstrijd, maar dan geen sportlui, maar gewone burgers, een zondagmarathon dus. Hete zon, hardloopwedstrijd, zweet, de wil om te winnen.

Een brug, een spoorlijn.

Ook daar lag een brug, en onder die brug was het leven van het spoor.

Tikje naar voren, maken we ons aan elkaar vast, stop, naar voren, naar achteren.

De glans van metaal, van grafietsmeer, van water, van ijs, van snottebellen.

Een rossige straatveger in een oranje overall veegt het trottoir, kinderen lopen naar school, bouwvakkers maken een steiger, Georgi heeft iets Georgisch klaargemaakt, witte en rode wijn, hij is hier illegaal, hij kan elk moment opgepakt en uitgezet worden, maar als Monika instemt met een huwelijk, krijgt hij de wettige status van dat land, een vreemd, maar wel rijk land, een rijk, maar wel vreemd land.

Hij praat zacht, zijn donkere ogen aan weerszijden van de Kaukasische bergketen van zijn neus staan droefgeestig.

Ja, maar hoog tijd om aan de slag te gaan.

Volgens de termen van de uitnodiging word ik immers geacht hier iets te doen.

Mijn conceptie heeft ergens hier plaatsgevonden, onder de omstandigheden van een gedwongen tewerkstelling en de laatste stuiptrekkingen van een gigantische internationale slachting, moeder overleed jong, vader zwierf ergens rond, links ruiste de schoonste rivier van de wereld, rechts ruiste de visrijkste zee van de wereld, recht vooruit kwam de grootste zon van de wereld op, achter je rug gonsde de rijkste steppe van de wereld, in de ravijnhellingen schitterden de zuiverste diamanten van de wereld.

Slechte omstandigheden zijn een probleem.

Goede omstandigheden zijn een probleem.
Uitstekende omstandigheden zijn een probleem.

Klokslag halfzes begint buiten een onzichtbare vogel te fluiten, klokslag halfzeven begint een Turkse bouwvakker op de
steiger te fluiten.

Geluid is een luchttrilling, de wereld is vol geluiden.
Ik moet zuinig met geld doen.
Gisteren ben ik zuinig geweest, vandaag heb ik me bezat.

Zij een deftige, rijzige, blauwogige blondine, hij een frêle
zwartkop met droefgeestige ogen, maar als man top.
Zegt ze, zijn haardos strelend.
Hij houdt de reusachtige flat schoon, past op Katarina, maakt
het ontbijt, middageten, avondeten klaar, tekent, en 's nachts
neemt ze hem mee naar de reusachtige slaapkamer, naar een
reusachtig bed, onder de bladeren van een reusachtige palm.

De stad is fraai, de omstandigheden zijn goed, de sigaretten
licht, de wijn licht, het leven licht, *la dolce vita.*
Aldus verglijden de dagen zorgeloos, aldus verglijden ze.

Mensen, auto's, huizen.
Struiken, bomen, bloemen.

Een wesp vliegt het open raam binnen en gaat op de lurex
vitrage zitten, ternauwernood gewiegd door de adem van de
stille herfstavond, je hoort klokgelui, er zit iets winters in de
droge glans van de verf van de vensterbank, van de wesp, de
lurex, de laatste zonnestralen kruipen over de toppen van de
steiger en daar hangt de onverstoorbare maan reeds boven
de puntige dakpandaken.

Kotters en jachten, water en zon, blauwe luchten en witte zeilen, heuvels en bossen, massa's avondwandelaars, straatclowns en straatmuzikanten, souteneurs en prostituees, restaurants en concertzalen, de glans van lak, van goud, van marmer, het ruisen van fonteinen, van gebladerte, het licht van de maan, van lantaarns, van ramen.

Ik legde mijn oor te luisteren, hoorde niets.
Ik tuurde, zag niets.

Thuis wordt het al koud, de laatste kool op de datsja voorbij Sjpalorezka is waarschijnlijk al afgesneden, ja, zegt ze, die zijn al afgesneden, dat hebben dieven gedaan, bij ons, en bij de alleenstaande buurvrouw links en bij de alleenstaande buurvrouw rechts, die jammerden en huilden, maar zij had niet gehuild, en hoe staat het met jou? Niets bijzonders, goddank, niets.

Vandaag niets, en nu ook niets.
Maar opeens was er een flits!
Een flits, ja.
Als van een spade bij het opgraven van een dode.

Terwijl hij me vast nooit meer iets influistert.
Vroeger deed hij dat wel, nu zwijgt hij.
Met een bedroefd en spottend lachje blikt zijn fotografische onbestaan.

Ik leerde hem kennen in het theater, bij de première van de voorstelling *De blauwe vogel*, tijdens een pauze, in de foyer, het ging er luidruchtig toe, vooral één gezelschap was heel luidruchtig, het leken wel studenten, geen arme sloebers, de *jeunesse dorée*, en het drukst en luidruchtigst van hen leek mij een type met een grote bos zwarte krullen en een Blokachtig profiel – hij stond druk te gebaren, hij lachte het hardst van allemaal.

Toen ik eindelijk aan de beurt was, nam ik een sapje en een koek en wilde net naar een verre hoek lopen toen het glas opeens uit mijn handen glibberde, kapot viel, rumoer, hard gelach, een woedende buffetjuffrouw – ik was helemaal verbluft, en opeens zegt die drukteschopper tegen de buffetjuffrouw dat ze onmiddellijk haar mond moet houden, veegt de scherven snel in een hoek, pakt me bij de arm, sleurt me naar zijn gezelschap, giet iets in een glas en reikt het me aan, kom op, zegt hij, niet zo schijterig...

Hij woonde in de barak, zijn vader werd bij andere gezinnen uitgenodigd om stoute kinderen een pak rammel te geven.

Steiger, stilte, paadje, steilte, rozenbottels, een meer.
Daar openbaart zich de zee vanaf de steilte.
Daar woonden we, later zijn we vertrokken.
Zij was allergisch voor stof en stuifmeel, vooral van ambrozijn.
Ze stond trouwens niet op verhuizen: veel mensen zijn allergisch – ze wonen er toch, maar mij hing alles daar inmiddels de keel uit, die zee niet uitgezonderd, maar vooral – hij was weg, en ik wilde achter hem aan, we gingen daar weg, maar nu keren we in gedachten steeds vaker terug.

En toch wordt het hoog tijd om aan de slag te gaan.
Ik legde mijn oor te luisteren, hoorde niets.
Ik tuurde, zag niets.
En hij zwijgt.

Hij bracht me in deze kutrimboe, en hij zwijgt.

Een verschuiving van een halve toon omhoog – een leeg en kil geluid.
Een verschuiving van een halve toon omlaag – een leeg en kil geluid.

En ik dacht alleen dat ik iets zou kunnen vastprikken, en ik prikte met mijn vork, en ik gooide een glas rode wijn om en zonder iets te zeggen verving de kelner zowel het glas als het tafelkleed, en ik dacht dat het mooi zou zijn geweest als hij mij ook vervangen had.

En toch...
En toch stabiliseert je lichaam zich onder goede omstandigheden, verandert het, wordt het zichtbaar jonger, worden gezicht, gehoor, de reuk- en tastzin beter, speelt het bloed op, wordt de huid strakker, bereiken de gassen bij de uitgang een maximale dichtheid en snelheid, alles is weer als de eerste keer, de vreugde en opgewektheid, de extatische jubelzang, het is overal iets, de verandering van mineur in een parallelle majeur, een abrupte opwelling, de dorst naar geluk, een overdaad aan secundenintonaties, afgewisseld met zachte loopjes in een terts, eenvoud, zeggingskracht, zangerigheid, gelaagdheid van inhoud en diversiteit aan beelden, vrijheid om te moduleren, dromerigheid, ondeugende schalksheid, humor en hartstocht, de geheimzinnigheid en het mysterie van het leven, het vermogen om te verbazen, de verontrustende monoloog van de fluit – de dijk brak door en de fecaliën stroomden in de kurkdroge bedding, maar zolang het zonder gekken gaat, geeft het allemaal niets.

De bouwvakkers leggen de laatste hand aan de steiger, apparatuur en materiaal worden naar de bouwplaats getrokken, er is hier eveneens sprake van elementen van zware lichamelijke arbeid, ook hier hebben ze breekijzers, draagbaren, voorhamers, kruiwagens, en terwijl ik hen door het raam gadesla, constateer ik nog eens droefgeestig dat ik bijna mijn leven lang, van mijn eerste stapjes af, vastgebakken zat aan zware, dikwijls onmatig zware lichamelijke arbeid en dat terwijl ik zo lichtgebouwd ben. We zien onszelf als de intellectuele en geestelijke elite van de natie.

Slechte omstandigheden zijn een probleem.

Goede omstandigheden zijn een probleem.

Uitstekende omstandigheden zijn een probleem.

Ik had nergens heen moeten hollen.

Ik had in de goot moeten blijven liggen.

Opwaartse beweging.

Neerwaartse beweging.

Een valse reprise, een onderbroken wending en een overgang naar de oorspronkelijke toonsoort.

Men zegt dat een van de grootste vergissingen is gelegen in het feit dat de uitgangssituatie als onveranderlijk wordt gezien.

Vast wel.

Misschien.

Schaduw links, schaduw rechts, hij ging bij zijn leermeester langs en voerde hem pap, bracht zijn flat op orde, maakte een praatje met de liftjuffrouw, hielp een onbekende vrouw haar koffer dragen, verloor het bewustzijn.

Hij hakte ijs, steen, dikke huiden uit, droeg die op zijn bult, in zijn armen, tussen zijn tanden de last van anderen, onder andere die van mij...

Voetstappen, het geluid van voetstappen, een beetje sloffend – het zou toch niet waar zijn?! Jawel, dat waren zijn voetstappen, hij is het, toen hij voelde dat ik ten onderging, liet hij alles in de steek en kwam in allerijl hierheen!

Nee, het is Georgi, hij roept dat het avondeten klaar is.

Iets Georgisch, wijn, fruit, koffie, hij vertelt iets over zichzelf, over zijn jeugd, maar ik ben nu daar, bij het herfstbos aan de vijver, het houten bruggetje, het rangeerstation, de stille lanen, de gevallen bladeren, de zomerhuisjes, het ketelhuis, de kantine, de minaret van de watertoren, de maan boven die minaret, de weerschijn van de lichten in het donkere water, de hoge dennen, de struiken, de muziek uit de zomerhuisjes – waarschijnlijk is hij daar nu, waarschijnlijk...
Er is niets.
Er is niets en ik denk dat er ook niets komt.
Dan stap je in tram 1 en rij je langs het oude stadskerkhof, de scholen, de bioscoop, de kapper, de olieslagerij, het zwembad, het ziekenhuis, de rivier, het riet, de tuinen, het park, waar ik haar toen mijn liefde heb verklaard, steeds dichterbij de adem van de moloch, de bres in de muur, het vuur, de rook, het lawaai, het bestijgen van de steile ijzeren trap, het betreden van de spoorbrug, één beweging en je vliegt naar beneden, in de dunne slakken, en het is je laatste vlucht tegen het decor van een tremolo van gashouders en een koraal van luchtverhitters.

Een pakje soep, krabsoep, Canadees, goedkoop, aardappels, haring, thee.
Ik moeten zuinig aan doen.
Ze moet een goede fluit hebben.
Ze studeert.
Hij liet me haar op de muziekschool doen.
Het moest zo nodig van jou, koop jij hem dan ook maar.
Een overproductie aan musici, beeldend kunstenaars, literatoren, beeldhouwers, regisseurs, componisten, dansers – een leger van krankzinnigen.
Je ziet hier nu al gele blaadjes.
Grote kwint, kleine kwint.

Het snoeien van de zieke acacia in de afwerking zorgt voor een goede textuur.

De urolesan heeft gelekt, de sulfadimetoxin is nat geworden.

Tikje naar achteren, en dan naar voren.

Als we antraciet kopen, kopen we wel kolen, maar niet de glans ervan.

Geluid is een luchttrilling.

De wereld is vol geluiden.

Een hele noot, dat zijn vier trappen met een laars in je smoel.

Regen, Schöneberg, een café. Regen, rook, kreten. Dronken invaliden in rolstoelen, een eenzame dronken vrouw zit te soezen, met haar hoofd op tafel, een dikzak met een bier en een krant zit te knikkebollen, een Serviër holt in en uit, een gek geloof ik, een barman met het gezicht van een crimineel, en zij, de getalenteerde, drankverslaafde vrouw met het gezicht van een hoogst verbaasde aap, en de talentloze man met het gezicht van een dode.

Je verbrast het geld van de Duitse belastingbetaler.

Het onzinnige van je verblijf hier wordt steeds duidelijker.

En hij zwijgt.

Monika heeft rozen meegebracht en in een vaas gezet. Avondeten. Ze gaan naar Parijs. Wil ik hen geen gezelschap houden?

Parijs... wat moet ik nu in Parijs...

Je staat met een hete aansteekkaars in je handen.

Je ligt met een koude waskaars in je handen.

Of je duwt ichtiol in je endeldarm.

Koelbloedigheid als garantie voor succes.

De overtreffende snelheid van de schaduw van een lichaam.

De kromming van een cactus is het resultaat van een computerbewerking.

Er loopt een neger over het paadje.

Een herfstbij kruipt over de papieren bloemen, maar wat hij daar zoekt en waar hij moet overwinteren is een raadsel.

Hij leed een nederlaag in de strijd tegen de kleinburgerlijkheid en was gedwongen zijn vaderland te verlaten.

Pak een karwei niet bij de kop, begin er terloops aan.

Afdeling telegrafie: op 'luxe' bloemen, op 'de luxe' ook, maar dan met een lintje van crêpe, dus het 'laatste lintje Krepp', einde.

Trouwens, met 'luxe' mag je een ontslapene condoleren, met 'de luxe' een pasgeborene feliciteren.

In de ene moestuin verbrandt alles door gebrek aan water, in de andere verrot alles door een overdaad eraan.

Het water komt, het ijs ligt vol met as.

Een verschuiving van een halve toon omhoog, het water komt.

Een verschuiving van een halve toon omlaag, het ijs ligt vol met as.

Nooit te oud om te leren.

Kennis komt.

Het is overal iets.

Ik liep naar het Bolsjoj Theater, maar haalde het niet door buikloop – en daarna ben ik er nooit meer heen geweest.

Ja, ze wonen daar, en de spoorwegen gaven hem een flat vanwege zijn afgerukte benen en nu tekent hij.

Een boog, een binnenplaats, een deur, aanwezig waren: een verbindingsman, een verbindingsvrouw, een gieter, een politieman, een gasbeveiliger, een laborante van waterzuivering.

Een geëxalteerde dame riep dat hij die dag de held van de dag was, hij antwoordde dat hij de held van de dag verruilde voor die van de nacht.

De zus en eigenares in het donkerblauwe gewatteerde jack zei dat Schnittke zojuist van dat zomerhuisje was weggereden.

We waren te laat voor het ontbijt en de trekkebenende serveerster merkte stuurs op dat Sjostakovitsj nooit te laat was geweest.

We zagen op de laantjes door de nachtelijke sneeuwstorm heen een vrouw, we begonnen te rennen, maar het was een sneeuwpop.

De weg na de regen.

De steppe in een winternacht buiten de stad.

Van klei kun je altijd iets maken.

De hoop op de afzet van halfedelstenen bleek niet gerechtvaardigd.

De dille is slecht, de tomaten zijn zwart geworden.

Wij hadden bijen.

's Zomers is het heet en saai in de steppe.

Ze zit in de vierde klas, ze heeft gouden oorbelletjes, verzorgde handen, verzorgde voeten, een permanentje.

Een parketvloer die niet helemaal kraakvrij is, maar heel zacht.

Ze wast zich in een tobbe.

De glans en breekbaarheid van nagels.

Wolken en water liggen in elkaars verlengde.

Hij houdt van oorlogs- en avonturenboeken.

Ze heeft hernia en een verzakte rechternier.

De eerste is aan de drank, de tweede drinkt niet, maar is gestoord.

Daar had je dakpannen en hier ook.

Opeens was de koffer verdwenen.

Zo leek het.

Opeens was het geld verdwenen.

Zo leek het.

Daar onder de brug stroomde het leven van het spoor, hier onder de brug stroomt het leven van het spoor.

Een verschuiving van een halve toon omlaag en een overgang naar de oorspronkelijke toonsoort.

In de eerste klas had ik een ereprijs.

Mag ik mij voorstellen.

Hou je mond.

Sneeuw weerkaatst kleur en 's nachts in de steppe is het niet zo donker als in de stad.

We liepen toen heel lang.

Hij had veel zussen.

Je had daar rotsen en slangen.

Zodra je de oversteek tussen het slaap- en het studiegebouw over holt, steekt er achter je rug o zo'n gure wind op.

In de aardrijkskundeles zegt ze dat de zeevaarder Afrika niet gerond had, maar dat had hij wel, ze wordt gecorrigeerd, ze houdt koppig vol, huilt.

Je afzonderen op zolder, in de kelder, in de schuur, in het ravijn, waar Estragon in elkaar werd geslagen.

Pasternak, estragon,* mierikswortel, eigen stook.

Kijk, ook hier heb je nu al gele blaadjes.

In de late herfst kan de slaaf enigszins op adem komen en zich aan metafysische bespiegelingen overgeven.

Nooit te oud om te leren.

Het is overal iets.

* * *

* pasternak = pastinaak; estragon = dragon *(noot van de vert.)*

De kamer is groot, maar er is weinig lucht, het raam staat open, maar er is geen lucht. Er vliegt een wesp naar binnen, hij blijft boven de asbak hangen – de as kringelt omhoog. Ze vragen of ik meega naar Parijs. Eens heeft hij me aristocratische manieren geleerd, om een man van de wereld te worden. Manieren zijn grime, achter die grime zit het smoelwerk. Mahler stuitte in Wenen eens op een demonstratie van arbeiders, sloot zich daarbij aan en kwam opgewonden thuis, helemaal gelukkig. Vluchtige kwartsekstakkoorden, tertskwartakkoorden, de wederzijdse verplaatsing van septiem en kwint, een kwartsprong, de opeenhoping van dominante veranderlijkheid, abrupte veranderlijkheid, valse reprise, allegro, trommels, sneeuw, bloed, stilte.

Als kind had hij een tic gehad. 'Zit je weer te bekketrekken?' vroeg vader dan en hij gaf hem een klap met de rug van zijn geringde hand.

De maan komt steeds hoger. Je komt zelden een voorbijganger tegen. Steeds zeldzamer zijn de zuchten van de zwoele nacht.

Dolomiet draagt bij aan de verzuring van de bodem.

Er zijn links meer lichten dan rechts.
Nu rechts meer dan links.

Voetstappen.
Een gezicht.

Tegen de achtergrond van lichte, trillende geluiden.
Hij legde papier over zich heen, drukte zich tegen de warme peuk aan, werd warm, viel in slaap.

Op de terugweg kochten we een muizenval en een reproductie van Daumier.

Misschien, waarschijnlijk, mogelijk.

Dagen van bewust leven, dagen van onbewust leven.

Veprev ging drinken, Zjerdev dood.

Ze hakten ijs, verfden de sprinklerinstallatie, speelden schaamluis, lagen in de schetenkamer.

De elektricien maakt de contacten schoon, de carburateurman blaast de nippels uit, koper heeft een hoge smeedbaarheid, kamperfoeliejam lijkt op kersenjam.

Een kwint hoger, een kwint lager.
Hoger of lager?
Hij zal het influisteren.
Hij wijst met een stokje onjuistheden aan in de partituur.

Eens, toen alles compleet uitzichtloos was, besliste hij alles in één tel.

We versimpelen de uitdrukking en vinden de betekenis.
Dat kan grafisch als volgt worden weergegeven.

De kleine speelde een stukje Mozart voor de visite.
Sommige mensen waren tot tranen toe geroerd.

Een wit en stenig land, een zwarte tractor, vonken.
De avond valt. De zwarte tractorbestuurder valt uit de zwarte tractor en ligt op het witte en stenige land.

Struiken, ravijnen, bevroren onkruid.
We blijven even staan en lopen weer verder.

Ze zijn naar een rommelmarkt, de klok staat stil, thee, boter-hammetje, sigaret, wat nog meer?

Kasten van huizen, opengewerkte afrasteringen, groene ga-zons, bloemen, struiken, uitgelicht, de maan, cicaden, stilte, uitgestorvenheid.
En kijk, daar is het bekende hekje, er is hier bijna niets ver-anderd, ze hebben alleen de oude notenboom moeten om-zagen, hun schoonzoon werkt nog steeds niet, elke morgen gaat hij werk zoeken, maar dat is gelul, ook in huis wil hij niets doen, ze hebben hem al eens weggestuurd, maar hij komt er gewoon weer wonen, ik heb, zegt hij, niet het recht om mijn familie aan de willekeur van het lot over te laten, ik vind wel werk, niet zomaar werk, maar waardig werk, de kippen zijn aan de leg, de hond is de pijp uit, de achtermuur van het huis is verzakt en gescheurd, de aardbeien doen het goed, de druiven doen het goed, ze heeft geen tanden meer over, haar handen worden gevoelloos, haar voeten, ze is ook ziek, het lijkt erop dat ze gauw doodgaat, vorig jaar hadden ze met zonnebloempitten gesjoemeld, dit jaar met appels, ze hadden niets betaald, zo meteen gaan we avondeten en na het eten zal hij vertellen hoe een reusachtige adder uit het ravijn kroop, links en rechts om zich heen keek, de verste bijenkorf pakte en naar het ravijn sleepte, waar hij de honing opzoog en de korf wegsmeet.

De zee is te verdelen in stukken met een verschillende ver-lichting en deining, de deur van het restaurant is dichtge-timmerd, de ruiten zijn ingeslagen. De oude bank op het erf, onder de oude acacia, de geuren van de plee, van het spoor en van de zee. Ze maakt verse vis schoon in de keuken, hij slaapt op de bank, het heeft geen zin om te proberen om hem wakker te maken – hij is stomdronken, zijn zoon zit op school, schrijft gedichten, haalt rottigheid uit, zijn dochter is getrouwd met een Europese zeilkampioen, ik werk daar ook, in de kantine van het spoor.

De wandeling hangt me inmiddels de keel uit, maar ik wil ook niet naar huis.
Hier woonde Isidora Duncan, daar de bankier Mendelssohn.
De maan, cicaden, stilte, uitgestorvenheid.

Zorgvuldigheid, zelfbeheersing, reinheid.
Je ligt maar te rukken, grinnikte hij.

Je hebt het benauwd, een zeurende pijn in je hart. Ik begrijp natuurlijk dat mijn hart geen pijn kan doen, omdat ik het niet heb, maar toch voel ik een zeurende pijn waar het zou moeten zitten.
Ik heb sowieso het recht niet om te klagen, alleen jij hebt dat, tot het ochtendgloren toe.

Er zit daar geen groot wild, omdat je je door de geringe afmetingen van het bos niet volledig kunt verstoppen. De wormen hebben er de bladeren opgevreten, de dag daarna was het nogal winderig – en is er iemand voorbij de brug verdronken.

De bekende complicaties.
Pak iets van iemand anders.
Niemand die het merkt.

De laatste minuten van zijn leven vroeg hij om bier, maar bier was toen een probleem, zodat hij zonder bier is heengegaan.

Ooit verzamelde een allesbehalve armlastig familielid van mij peuken.

Zo kwam het dat ik er ook naar op jacht ging, maar me door de regen genoodzaakt zag om naar huis terug te gaan.

Tafel, fauteuil, asbak, klei, stro, rubberoid, cement, planken. De sneeuw verdampt, slaat neer. De lucht voorbij de rivier is zwart. Hij bindt een stukje touw om zijn nek, knielt voor haar neer, ze voert hem taart met een lepeltje en hij doet zijn ogen dicht, eet het op, likt zijn mond af en wacht op meer. Hij gaat de concurrentie aan met iemand anders, maar lijkt te verliezen. Er kwam bijna niemand naar het concert waar zo veel moeite voor gedaan was, de musici gooiden er met de pet naar, de dirigent ook en het kon niemand iets schelen, niet nodig, zo blijkt, ze komen alleen maar wat vertier zoeken, een glaasje wodka, en spreken een paar afgezaagde zinnen, ze zit al geeuwend op haar horloge te kijken en dat alles doet zijn artistieke passages te niet, hij glipt het berghok in, hult zich in oude lorren, verstijft.

We zullen inslapen onder het ruisen van droogbloemen, 's avonds wakker worden, verbaasd zijn.

Nee, ze zal er nooit meer heen gaan.

Het is je goed recht. Het is zelfs maar beter. Het maakt je handen vrij.

Blokken hout zonder bast rotten sneller dan blokken met.

De adder kruipt naar de blokken hout, waar hij verandert in een anaconda.

Hij bracht haar weg, ze wilde dat hij achter haar aan kwam, maar tactisch als hij altijd was, verklaarde hij opeens dat hij geen *Feldwebel* was, maar veldmaarschalk.

Het waaide, het regende blaren, ze vlogen in het rond.

Kijk uit op de markt, op het strand, en het station kun je maar beter helemaal mijden.

Het verbrandde, werd geel, zwart.

Hij snelde op hoge snelheid voorbij.

Dat kan haast niet.

Het gordijn wiegt in de wind, het verbandgaas aan een tak.

De toeval van de jeugdige weduwe verhoogde de erotische spanning.

Lodde, aardappelen, thee.

's Nachts is het donker en eng.

Strenge vorst en benzinelucht.

De mate van samenpersing, het lopen, de maximale druk.

Kolen moet je zuinig mee doen.

Ja, maar hoe ontwikkelden de verdere gebeurtenissen zich nu?

Die ontwikkelden zich zo'n beetje vanzelf.

Ze dichtten het gat met een stuk ijs, daalden naar de bodem af, verstijfden.

Bergen muffe steenkool in de najaarsschemering.

Natte takken sissen in het vuur, er hangt wasem, het droge onkruid zoemt.

De zee ruist, de zeemeeuwen krijsen op een cassette met ontspannende muziek.

Ammoniumnitraat, ammoniumsulfaat.

Dominant, subdominant.

Ze deden net of ze het geloofden.

Ze had iets op haar lippen gesmeerd.

Snel naar de vilderij.

Thee, zonsondergang, gierst.

Johann Friedrichstrasse 53.

De vogel houdt zich schuil in het gebladerte.

Ik telde de bladeren.

Tafel wit, fauteuil zwart, lawaai van betonmolen en drilboren.

Het uiteenvallen van de vorm, artistieke willekeur.
Hier moet je misschien een dubbele terts hebben.
Wat vind jij?
Ongeleedheid.
Onvolmaaktheid.
Het water komt, het ijs is bezaaid met as.
Toen ik gestommel achter me hoorde, keek ik om en zag een jongeman in jacquet achter me aan hollen.
Hij fluisterde mij in wat ik verder moest doen.
Ooit hadden we bijen, de grootste bijen van de wereld.
Toen zaten er ook wolven, en cobra's, en op de allerheetste momenten liep er een tijger langs onze tent naar de drink-plaats.

Grootmoeder, de bijen en ik verzamelden honing in de snik-hete steppe en grootvader, vader en oom verdronken die in de stad.
Ik werd 's nachts wakker en betreurde dat.
Georgi tekent, Katarina slaapt, Monika is op pad haar klan-ten met haar psychotherapeutische trucjes over te halen hun suïcide op de lange baan te schuiven.
Liszt vluchtte uit Duitsland, Sjostakovitsj ging naar het voet-ballen.
Ik zette mijn bril af, maar zette hem meteen weer op.
Recht voor me was de glans van ijs, beneden de glans van metaal, ik daalde af en vroeg het aan een arbeider met iets glanzends onder zijn neus en hij legde het haarfijn uit, met astmatische pauzes, onder het gladstrijken van een geknakte *papirosa*, het overbrengen van papier van het mondstuk naar het gaatje pal naast het filter, het peuteren met het zwavel-kopje van een lucifer in de dichtgegroeide kloof van zijn oor vol grafietsmeer, enfin, zei hij, je pakt dat glimmende ding met je rechterhand beet, met je linkerhand doe je dat andere

glimmende ding opzij, met je rechter sla je op het derde glimmende ding en dan moet het eruit schieten. Wat is eigenlijk het perspectief, vroeg ik. Als je deze glans onder de knie
hebt, antwoordde hij, dan openbaart zich een andere glans,
maar verder mag god het weten, zoals dat heet, en meteen
sprong hij op de treeplank van de vaart minderende wagon,
blies op zijn fluitje en verdween uit zicht.

Het raam dichtdoen, je ogen, het gas openzetten.
Je in oude lorren op de grond wikkelen, in slaap vallen en
niet wakker worden.
Ze zet de verwarming aan, de muziek, het starten, de snelheid, de koplampen, het licht, de auto snelt door de nachtelijke stad naar waar de fluitist naast zijn fluit zal blazen, de
pianist met een spijker tegen een zwarte boom zal tikken,
verder zal er rode wijn zijn, witte, groene, blauwe en zwarte,
in de vorm van koolbriketten in de mand bij het stookgat bij
zonsopgang, op de grond, op een onbekende locatie.

Die muts is al een kwarteeuw oud.
Ze vervolgen hun tocht over de grauwe ribbels van de febru-
aristeppe.
Georgi kreeg landgenoten op bezoek. Eveneens kunstenaars.
Ze tekenen aan de lopende band Georgische motieven, de
verf is nog niet droog of er zijn al klanten voor, maar nu
zitten we aan het avondeten: bergen groenvoer, vlees, vis,
specerijen, vrolijke stemmen, gezochte heildronken. Levens-
vreugde en eigenliefde – ik vluchtte, dwaalde lang in de mot-
regen rond.

De nachtmuziek van de zee, zijsporen, kapotte wagons, lijken in ontbinding. Wandelingen in en buiten de stad geven
plezier, rimpels worden gladgestreken, je ruikt de subtiele

geuren, je onderscheidt ze – ik was zelfs tot tranen toe geroerd.

Nee, hij drinkt niet, maar als je dat wel doet, rijdt de trein je rechteroor in en je linkeroor uit.
Het werk van de beeldhouwer staat hoog aangeschreven.
Een sombere avond komt een bleke dag aflossen en trillend van angst kan de bleke dag zijn taak niet aan zijn vervanger overdragen, omdat hij niets over te dragen heeft.

De zon schijnt door het raam, de vogel fluit, er hangen vierhonderdachtenveertig blaadjes in de boom, drieëntwintig daarvan zijn geel, de betonmolen zwijgt voorlopig, de bij kruipt voortijdig uit zijn huisje en verliest bij de aanblik van de zwarte velden en de bossen met de resten sneeuw het bewustzijn, op de grond gaan zitten zoemen zonder omhoog of omlaag te gaan, een slok wijn stuurt je voor even naar de glans van haar benen op de helling van de heuvel van het oude kruithuis, schilderijen aan de muur, een heleboel, en heel dat nostalgische Georgische gedoe werkt benauwend, wurgend, terwijl de klaterende lach van Katarina van twee op je zenuwen werkt.

Witte draad in groen gras. Het glas was ooit van een luitenant. Een energieke invalide en dronken meisjes in het voorjaarsbos. Linten en galonnen. Stro en bitumen. Stof en hout. De verdubbeling van het ornament van het kleed in het vensterglas. Hij woont in de pan van een oude steengroeve. Klein huisje, wijngaard, bloemen. Een kerkhof boven je hoofd, ze wonen dus onder het niveau van het oude, krappe stadskerkhof.
Begraven mag je er niet meer, maar ze doen het wel, kist op kist, beenderen op beenderen, een meerdere verdiepingen

tellend kerkhof, de zwarte muren van de buitenste kisten worden naar de rand van de steengroeve geperst en nu lijkt de bruine wand van de steengroeve wel een commode met talloze laatjes.

Hij wordt vernederd en geslagen, maar doet zijn best om niet te gaan zitten kniezen, onlangs werd hij morsdood geslagen en nu is hij de vrolijkste kwant op het kerkhof.

Met de invallende duisternis wordt de kerkhoftelegraaf in werking gesteld, telexen ratelen maar door, de korte woorden komen in het nauw en botsen op elkaar, voor het ochtendgloren moet je iets belangrijks weten mee te delen aan hen die nog daar zijn, daarboven, terwijl die lui zich eveneens haasten om iets over henzelf te laten weten, de lijnen zijn overbelast, de informatie loopt via wortels, stenen, stammen en stengels, duizenden stemmen gaan tegen de bas in, een neergaande sequentie in de coda, abrupte instabiliteit, afwijkingen, een valse reprise, onuitgesproken dingen, niet afgesproken dingen, onafgemaakte dingen – ochtendgloren, einde van de verbinding.

Onder bepaalde omstandigheden verandert diamant in stront, maar onder bepaalde omstandigheden kan stront ook in diamant veranderen.

Een zak medicijnen. Meteen innemen. De neger kwam met een fles wodka aan. Schaduw links. Schaduw rechts. Dat is de ruit, dacht ik, terwijl ik naar de ruit keek. Niemand op de kade. Niemand op de kade, dacht ik. Nu gaan we muziek luisteren. Maar het staat bol van de detonatie. Ik kan beter weggaan, dacht ik. Onontkoombaarheid. Onafwendbaarheid. Gebrek aan overeenkomstigheid. Ik weg. Hij beledigd.

De lichtbundel van zaklantaarn in de mistige avond. Een spoor van roestige ijzers in de sneeuw.

Ontevredenheid over de renovatie – een te klein ruitje. Van

het lokale naar het universele. Hij vond alles aan haar leuk. Hij was gelukkig. Hij vroeg haar. Ze keek hem aan. Een halve toon hoger. Een halve toon lager. Ik werd erop uitgestuurd om een bezoek te brengen aan de ontslapene, ik ging langs, liep naar de velden achter de garages. De tijd vergeeft. Heeft dat al gedaan. Een vrouw met rood haar. Een vrouw met wit haar. Een vrouw zonder haar.

Ze graaft in de oude lorren, moet niesen van het stof, hij ligt op de bank naar de sluisdeur van haar gespreide benen te kijken, in haar kruis. Het begon te sneeuwen. Hij vond de grappa lekker.
De gastvrouw gaf het op en viel op de kisten in slaap. De wind rukte aan de bladeren en ze vlogen in het rond. Aan de andere kant van de rivier gingen de lantaarns aan en het licht weerspiegelde in het water en in haar ogen.

Daar is de steppe, het hek, de krachtstroominstallatie, de tafel, de stoel, het zeiltje, de wind, de exhibitionist achter het raam.

Een wit cementen binnenplaats, stoffige druiven, hondenvacht. Resten oude honing in een pot op zolder. Een spinnenweb. Een avondlijke weeklaagster en een Griffson rozenbottel. Het geluid van de fluit valt op de vaas, het glas resoneert en soleert in je hoofd. Deze vrouw staat hier hoog aangeschreven. De mensen staan voor haar in de rij. Mensen die het weten kunnen zeggen dat het ding van haar vibreert, wat iemand steeds weer naar haar toe jaagt.
Om een of andere reden is het niet erg om hier te verdwijnen.
Grote ogen, schreeuwerigheid, gemaaktheid.
Een troebel levensgebied.

Stof ligt altijd klaar om op te vliegen en zowel bloemen als ogen te bedekken.

De bokser draait zijn tegenstander de rug toe en deze geeft hem eind augustus een mokerslag op die rug, in een ring met verband in plaats van touwen, in de onmiddellijke nabijheid van een steilte met uitzicht op zee, op de daken van een voorstad, het spoor.

Deze zomer een reparatie uitgevoerd aan een deel van de schutting, de put voor de opvang van regenwater met verse cement hersteld, je gaat eens op visite, heel soms, net als zij, meestal zit je thuis, alleen, druk in de weer, 's avonds kun je naar de Waterleidingstraat om domino te spelen, nou ja, soms drink je wat huiswijn, je bent in geen tijden naar de schouwburg geweest, maar één keer in de hele zomer naar het strand.

Ze vragen om een pass op links, hij speelde niet over, liep zich vast en viel.

Ze zit op de bank televisie te kijken, hij slaapt, met zijn hoofd op haar schoot.

Het vliegtuig sproeide op geringe hoogte landbouwgif, terwijl hij dacht dat het in brand stond.

Rode wijn in de schemering op de ijzeren brug, warme eenden op de koude zee in de richting van Turkije, zij met een staalkleurige regenjas aan.

De statische elektriciteit van hun acetaatjurken.

Ze openden een biertent op een braakliggend terrein, gingen op kartonnen dozen liggen, vielen er doorheen.

Een rode hoofddoek, de geur van zwarte bessen, een eilandje van schoon zand bij het hekje, schoongewassen door de regen van kort daarvoor, onbestemdheid, instabiliteit.

Op het dressoir een prentbriefkaart met de afbeelding van

een dichter met een hoed op en een pijp in zijn mond onder het gejank van de eeuwig hongerige waakhond van de buren.

Ze smeerde zich in met een soort zalf tegen reuma en de lucht van die zalf werd een onlosmakelijk deel van die winters.

Nat struikgewas en de geur van een alcoholessence bij de afdaling naar hun kleine huisje.

De glans van het donkere glas van een stopflesje met maraslavin in de vensterbank.

Ze gaf hem een zoen toen hij sliep.

Soldaten hakken een wak.

De wind boog de struiken van de gele acacia bij het schoolatelier.

Een zinloze bruiloft.

Door oververmoeidheid met een psychische achtergrond verloor de bruidegom het bewustzijn.

De armoe van het lexicon en van de garderobe.

Lentebeken, kapron, gummi.

Ze had een dunne sweater met de kleur van koffie verkeerd. Onbestemdheid.

Ze is er vandaag niet, dus er komt niets van.

Een kort salvo doorboorde het zink en het water en sloeg door het haar heen tegen het glas.

Ze krijgen de bouw van het huis maar niet af.

De voorjaarsrot van een getormenteerde ziel.

Hij werd bij vergissing ingerekend en met een kabel op een steunpunt afgetuigd.

Een half jaar na de geboorte van de kleine begon hij haar af te tuigen.

De wagenbegeleider telde één handdoek te weinig en had pretenties.

Een klamme, donkere en ietwat stoffige nacht.

Het was daar ook van alles.

Knerpende avondmodder.
Gekleurde suiker en vanille.

Tijdens een wandeling over de boulevard klaagde hij over onverschilligheid, hardvochtigheid, domheid, cynisme, handelsgeest en schijnheiligheid van mensen met wie hij te maken had, hij schoot in de lach, zei dat wij samen twee titanen van de Uitsterving* waren, dat we iedereen lekker in de luren hadden gelegd, dat de tijd ons allang vergeven had en niets van ons verlangde, zei dat hij nu opeens zin had om mij Martin te noemen en zichzelf Maurice, verder ging het gesprek over een serveerster in het restaurant waar we net geweest waren, dat ze een oude operazangeres was en lang geen slechte ook, daarna gingen we weer naar huis en klaagde hij over pijn in zijn lendenen en deed ik mijn best om hem zo goed mogelijk te masseren, waarna hij tot het ochtendgloren vertelde over zijn leven, dat in korte bewoordingen kon worden gedefinieerd: spotternijen en pesterijen, en ik probeerde hem zo goed ik kon te troosten en hij kwam geloof ik een beetje tot rust en deed zijn ogen dicht, ik viel ook in slaap, werd wakker – hij was al helemaal in de benen, zijn groene ogen schoten droge vonken – vuur, rook, stuiptrekkingen.

Georgi en Monika gaan een week naar Parijs, vragen of ik de bloemen water wil geven en alles wat in de keuken staat op wil eten en op wil drinken.
Ze vertrokken.
's Nachts niet op mijn gemak in de reusachtige flat.

Een verschuiving van een halve toon omhoog, een leeg en kil geluid.

---

* verwijzing naar renaissance *(noot van de vert.)*

Een verschuiving van een halve toon omlaag, een leeg en kil geluid.

Ze hadden me toen in Jakoetië beter morsdood kunnen steken.

Het is daar al winter, voorbij het ziekenhuisraam valt de sneeuw op het paard, kwajongens ijshockeyen met stokken en een leeg conservenblikje op de dichtgevroren rivier, uit de schoorstenen van de kleine huisjes beneden gaat de rook recht omhoog, over de weg kruipen zware kiepwagens met kolen, de vrolijke en jeugdige chirurg fluistert me in dat ik de problemen zo luchtig mogelijk moet bezien, niet moet somberen, niet zwijgen, anders krijgt mijn toekomstige vrouw het lastig met de geslotenheid en somberheid van haar levensgezel.

Iets prils, iets warms, en weer op de bank in afwachting van het herstel van zijn door een drinkgelag onderbroken leven, en daar zijn de eerste schuchtere scheuten al en de schuchtere blijdschap en van lieverlee neemt brutale zelfverzekerdheid de plaats in van klachten, spijtbetuigingen en smeekbeden.

Een wandeling langs de uitgestorven driehoek van de Halensee, het nachtelijk geritsel van het gebladerte, het licht van de ramen, van de lantaarns, van de maan, de spaarzame voetganger die je tegenkomt, en we gaan uiteen, we komen nooit iets over elkaar te weten, en daar zijn de buitenhuisjes langs het spoor, de struiken, de bomen, de bloemen, en daar is een meisje in een open raam in levendig gesprek met een jongen, maar waarover, daar kom je nooit achter, en dat is ook het voornaamste doel van mijn nachtelijke wandeling, en nadat ik naar alle kanten achterom heb gekeken en net heb gedaan of ik mijn veters strik, raap ik een peuk op, loop ik naar huis terug, gebruik ik mijn avondmaaltijd in eenzaamheid, ga ik in de fauteuil zitten en steek de peuk van een Lordsigaret op.

Om haar de kans te geven om verder te studeren moet ze een nieuwe fluit hebben, moet er geld komen, om te zorgen dat er geld komt, moet ik hier iets voor fluit schrijven.

Toen hij eens de stem van mijn toen nog kleine dochtertje hoorde die op haar kamer met haar poppen in de weer iets aan het zingen was, zei hij dat ze goed intoneerde, dat ze naar de muziekschool moest, en hij gaf ons een fluit, ze ging naar de muziekschool en nu bereidt ze zich voor op het conservatorium en moet ze een nieuwe fluit hebben.

Er komen steeds meer gele en gevallen bladeren, steeds vaker mist het, regent het, er resten steeds minder dagen tot de afrekening over de gedane arbeid, maar ik ben volledig vastgelopen, de weg kwijt – het is donker en eng.

Als hij beroofd wordt van zijn gebruikelijke bevoogding lijdt de klaploper en slaaf armoe.
En als je je niet op je plaats voelt, hoor je in de goot.
En hij zwijgt.
Hij heeft mij dit kutprobleem bezorgd en zwijgt.
Maar je schijt je leermeester niet in zijn gezicht.

We dronken wat bij de televisietoren, in de bosjes, deden om een of andere reden Babylon aan, waar iets over Frisch draaide, bleven even staan, dronken wat in een plantsoentje bij een beeld van roestige constructies, gingen bij hem langs, keken naar zijn werk: stof, rubberoid, blik, leer. We dronken wat. Er kwam een Franse piloot, zo uit Parijs; Parijs, zei hij, is stront, we dronken wat en gingen naar de opening van een tentoonstelling waar we eveneens wat dronken, toen nog wat, toen wat bij het ochtendgloren, toen was hij vergeten waar hij woonde en toen verdwaalde ik.

Heer, laat me hier niet kapotgaan, laat me hier toch iets voor fluit maken en een fluit kopen.
De *Pfennig* glijdt uit zijn dode vingers en rolt onder de bank, de laatste stralen van de zon glijden over de toppen van de steiger en de nacht breekt aan, de maan hangt boven het puntdak, en de sterren, en de stilte, en de doodsangst dat er niets is.

Mist, kilte, gele blaren, een schooljongen met een pukkel, klerken in kantoren, twee dames drinken koffie en zijn levendig in gesprek, een arbeider in een blauwe overall duwt ruftend een kar met elektromotoren naar de deur van de werkplaats, het groene gras, de herfstbloemen, mijn vrouw laat weten dat vooralsnog thuis alles goed gaat, alleen heeft de muziekjuf tegen mijn dochter gezegd dat ze met een fluit als die van haar niets op het concours te zoeken heeft, Georgi en Monika zitten nog steeds in Parijs, 's nachts stapte er iemand mijn kamer binnen, bleef even staan en liep weer naar buiten.

Ooit gaf het raam uit op een steilte, op de rivier, op tuinen en rotsen, en 's winters trok de vorst het landschap, fragmenten van het kleed naar het vensterglas en verdubbelde het, 's morgens kon het koud zijn in huis, het meubilair van mijn kamer bestond uit een bed, een tafel, een kruk en een nachtkastje, terwijl er op tafel een rood tafellaken lag met een oude inktvlek...

De halve dag was ik bezig om de balans op te maken, vond eindelijk een fout in de lijst van mijn uitgaven en maakte daarna een wandeling.

Iemand dwaalt 's nachts door de flat, nu eens verstijft hij, dan is er weer het gekraak van het parket, en dat droge gepiep kan een monoloog voor fluit worden...

Lawaai. Ik verstijfde, werd koud van angst. Het was het raam dat door een windvlaag was opengeslagen.

Maandag vandaag.
Maandag vandaag.
Maandag vandaag.

Dinsdag vandaag.
Dinsdag vandaag.
Dinsdag vandaag.

Op het banket zegt ze zoiets als dat ik onkwetsbaar zou zijn, dat ik van ijzer zou zijn, ja, madame, van ijzer, een lege en roestige pijp, waar je niet op kunt spelen.

Er komen meer en meer gele bladeren aan de bomen, de vogel fluit steeds minder vaak, de bouwvakkers werken, de betonmolen maakt lawaai, uitgelezen mokers slaan de laatste restjes stilte en hoop aan gruzelementen.

Alleen, zonder hem, ben ik dus niets.
Hij heeft voor niets een deel van zijn ziel aan mij verspild.
Waarom ben ik toen naar de schouwburg geweest?
Waarom ben ik in de pauze niet weggegaan?
Ik werd zijn schaduw, kon alleen over hem praten en aan hem denken, bij voortduring verwees ik alleen naar hem, wekte daarmee zelfs verbazing en onbegrip, ik ging gewoon

tot het uiterste, tot krankzinnigheid toe, het scheelde weinig of ik hield wildvreemde mensen staande om met elk smoesje iets over hem te zeggen, ik verried een vriend uit mijn jeugd en jonge jaren – ik ging naar hem, vertelde mijn toekomstige vrouw niets over mezelf, maar over hem, ik nam geen foto van mijn vrouw en kinderen mee naar hier, maar van hem; er gaat geen dag, geen uur, geen minuut voorbij dat ik niet aan hem denk...

De dagen verlopen, maar er komt niets.
De dagen verlopen, maar er komt niets.
Ze vragen er al naar, maar ik heb niets.

Een verschuiving van een halve toon omhoog, niets.
Een verschuiving van een halve toon omlaag, niets.

Er zit bijna geen blad meer aan de boom, de bouwvakkers leggen inmiddels de laatste hand aan hun werk, Georgi en Monika zijn terug uit Parijs, de vogel fluit ook niet meer voor het raam, gisteren heeft het voor het eerst gesneeuwd, maar ik heb nog niets.

Een donkere vijver en bomen, stilte en verlatenheid, net als daar, waar de lanen zijn, het bos, het land, het paadje, de waterput en het verre geratel van het spoorwegstation waar hij mij met een half woord begreep, hielp, iets influisterde, mij aanmoedigde, mij wakker schudde...

Het einde van de middag, van het leven, gewoon een hellend vlak met struikgewas en geboomte, ergens in de buurt van het gasvulstation, beneden kronkelt de rivier, bomen staan kriskras door elkaar, alles is verwilderd, niemand die hier ook nog maar ergens op let, ook niet op de verplaatsing van schadelijke poppetjes en de mummificatie van fruit, ook niet op mensen, of wilde dieren, of vogels, of insecten, alleen op de geur van de eerste sneeuw en de zware neerslag van butaanpropaan...

De nachtregen spoelde de sneeuw weg en rond de middag was het gewoon heet en waren de bouwvakkers bezig met de aanleg van een bloementuin en het planten van struiken...

Ik slenterde door de stad, ging bij iemand langs, maakte eens een praatje, dronk eens een glaasje, slenterde verder, allemaal niks, hij was er niet...
Bij het ochtendgloren kwam ik bij mijn positieven achter een bord met onaangeroerde hapjes en een glas wodka...
Wat doe ik hier?

Toch heb ik iets gedaan, ben ik betaald, kocht ik een fluit, inmiddels ben ik goddank thuis, morgen bel ik hem op, nog zonder te weten dat hij er niet meer is.

Reeds verschenen in de serie Nieuwe Russen:

Mannen
Viktor Jerofejev

Viktor Jerofejev (Moskou, 1947). De *angry man* van de moderne Russische literatuur. Gevierd en verguisd. Brak door met *Een schoonheid uit Moskou* (1990). Was eerder de grote animator van de ondergrondse literaire almanak *Metropol* (1979). Over de totstandkoming en alle persoonlijke en maatschappelijke achtergronden van deze eerste zwaluw van glasnost en perestrojka leest u in *De goede Stalin* (2005). *Mannen* telt 43 verhalen, stukken, miniaturen, essays, dingen. Een staalkaart van het nieuwe Rusland en zijn plaats in de wereld. En die van de halve mensheid, de mannen.

Stil Jericho
Oleg Zobern

Oleg Zobern (Moskou, 1980). Student aan het Gorki-instituut voor literatuur. Verhalen van zijn hand verschenen in tijdschriften (o.a. *Novy mir*, *Oktjabr* en *Znamja*) en verzamelbundels. Eind 2007 debuteerde hij in Rusland bij uitgeverij Vagrius met de verhalenbundel *Tichij Ijerichon*. *Stil Jericho* telt 17 verhalen die even rauw als mystiek zijn. Een groot talent.

De pers over *Stil Jericho*:

'In zijn rauwe, en toch nogal melancholieke verhalen weerklinkt de invloed van Dostojevski. Maar ze roepen toch een sterk beeld op van het moderne Rusland.'
Trouw 8 december 2007

'Er is een lichting schrijvers uit Rusland opgestaan met een eigen kijk op (de geschiedenis van) hun land.'
Passionate Magazine jan/feb 2008

Zwarte en groene
Dmitri Danilov

Dmitri Danilov (1969) is woonachtig in Moskou. Hij werkte als nachtredacteur van een persbureau, daarna als hoofdredacteur van een bedrijfsblad en tegenwoordig als reporter van het tijdschrift *Het Russische Leven*. In *Zwarte en groene* geeft Danilov aan de hand van een gedepersonaliseerd persoonlijk microverhaal een lucide macroverslag van de wilde Jeltsinjaren na de ineenstorting van de Sovjet-Unie: een nachtredacteur verliest zijn werk, reist stad en land af met zijn (zwarte en groene) theehandeltje en vindt uiteindelijk weer werk als journalist. Danilovs stijl is zeer verzorgd slordig en diffuus. Daarmee brengt hij de lezer angstig dicht bij de chaotische werkelijkheid van het nieuwe Rusland. In 2006 publiceerde de schrijver de verhalenbundel *Flat nummer tien*.